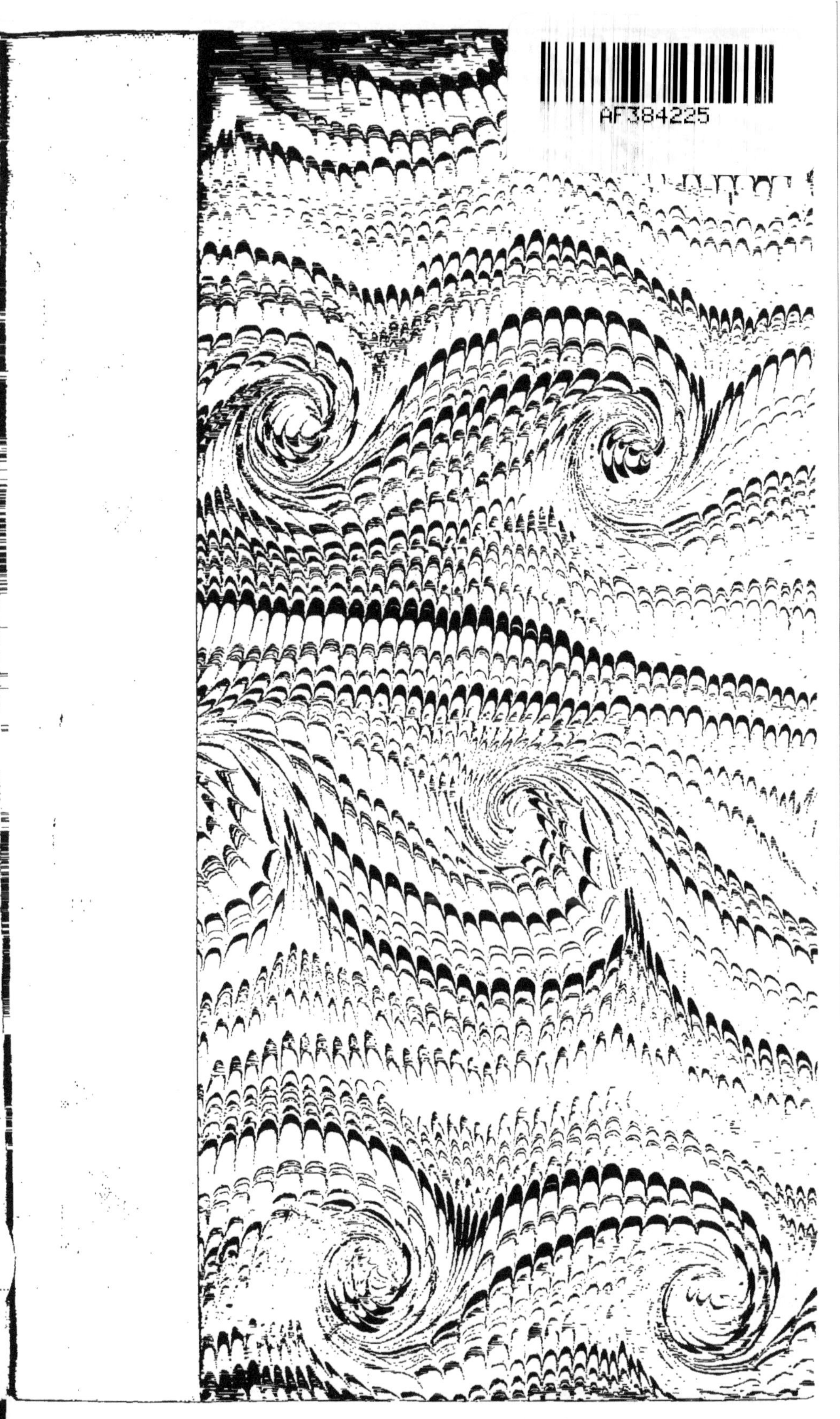
AF384225

NOTICE HISTORIQUE

LES MANUFACTURES IMPÉRIALES

DE TAPISSERIES DES GOBELINS

ET DE TAPIS DE LA SAVONNERIE.

LE MANS. — IMP. DE JULIEN, LANIER ET Cᵉ.

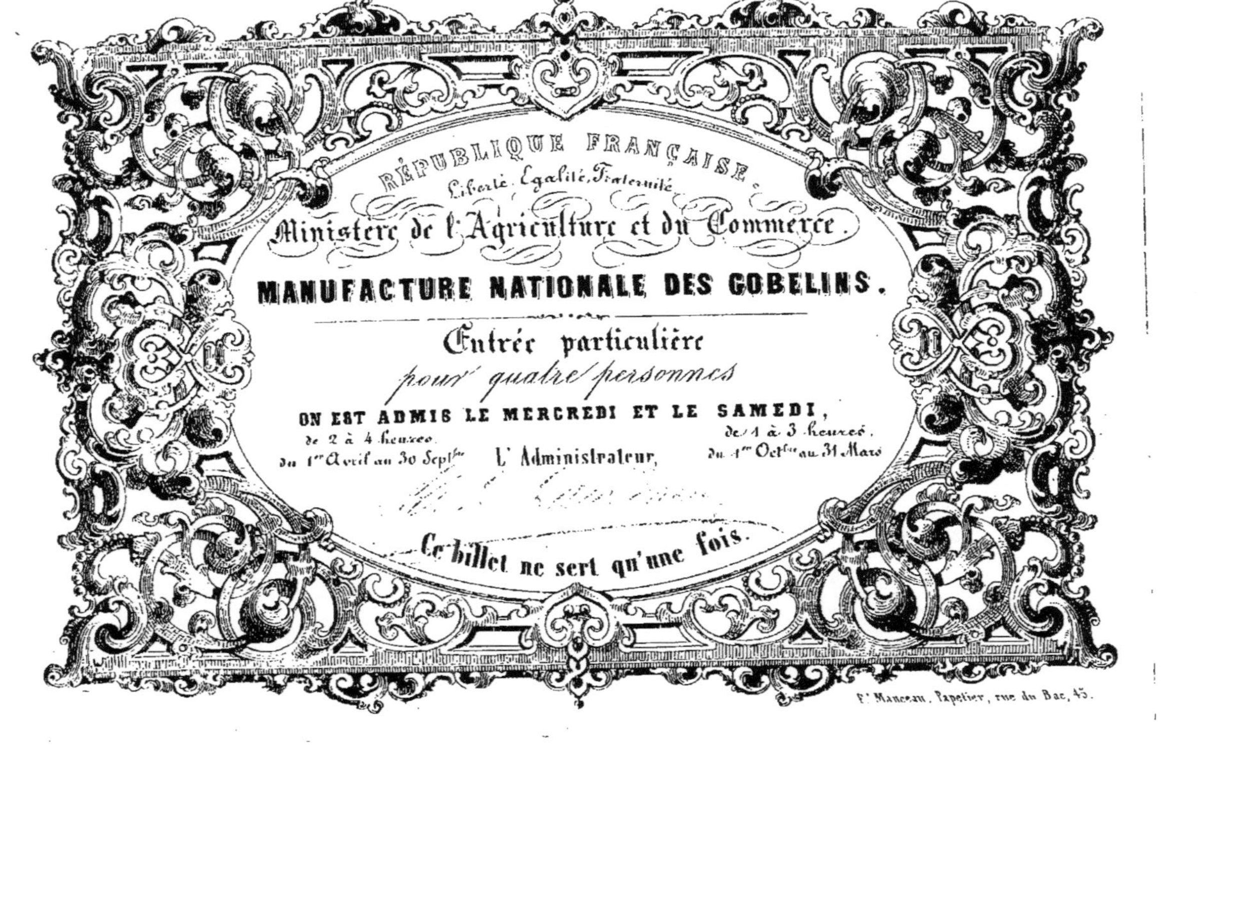

RÉPUBLIQUE FRANÇAISE.
Liberté, Egalité, Fraternité
Ministère de l'Agriculture et du Commerce.
MANUFACTURE NATIONALE DES GOBELINS.
Entrée particulière
pour quatre personnes
ON EST ADMIS LE MERCREDI ET LE SAMEDI,
de 2 à 4 heures.
du 1er Avril au 30 Septbre
de 1 à 3 heures.
du 1er Octbre au 31 Mars
L'Administrateur,
Ce billet ne sert qu'une fois.
F. Manceau, Papetier, rue du Bac, 45.

MANUFACTURE IMPÉRIALE DES GOBELINS.

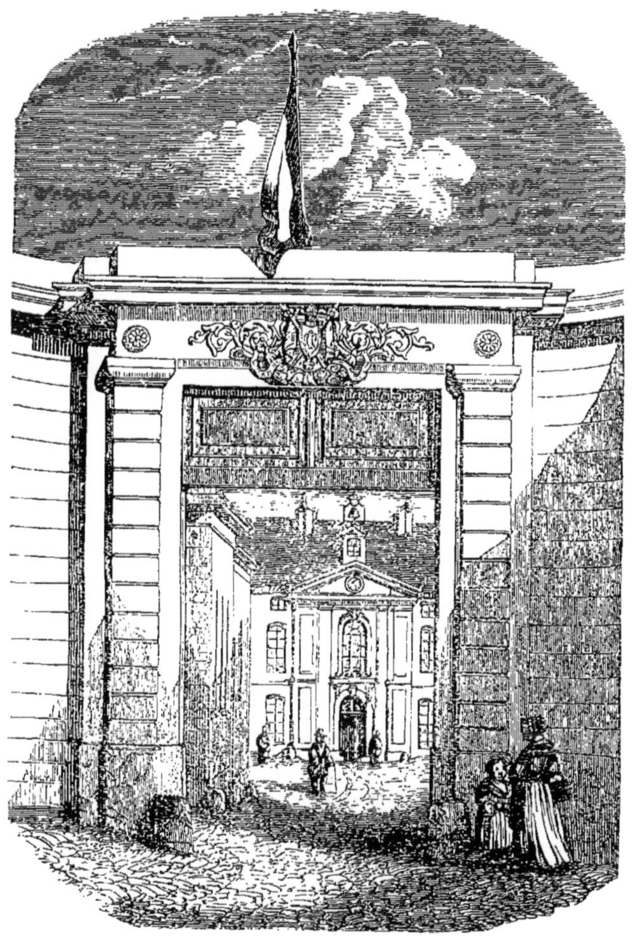

NOTICE HISTORIQUE

LES MANUFACTURES IMPÉRIALES

DE

TAPISSERIES DES GOBELINS

ET DE

TAPIS DE LA SAVONNERIE

SUIVIE

DU CATALOGUE DES TAPISSERIES EXPOSÉES

ET EN COURS D'EXÉCUTION

PAR A.-L. LACORDAIRE

Directeur de cet établissement.

PRIX : 1 FR. 50

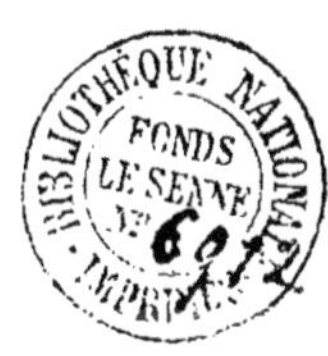

PARIS

A LA MANUFACTURE DES GOBELINS

A LA LIBRAIRIE ENCYCLOPÉDIQUE DE RORET, RUE HAUTEFEUILLE, 12

J.-B. DUMOULIN, LIBRAIRE, QUAI DES AUGUSTINS, 13

TECHENER, LIBRAIRE, PLACE DU LOUVRE, 20

JULIEN, LANIER ET Cᵉ, R. DE BUCI, 4

1853

TAPISSERIES.

AVANT-PROPOS.

Les travaux des manufactures impériales des Gobelins et de la Savonnerie se rattachent d'une manière si intime à ceux des anciennes manufactures de tapisseries, qu'il est difficile de ne pas rappeler celles-ci en parlant des premières ; on ne s'étonnera donc pas de trouver dans cette courte notice un aperçu historique sur les tapisseries françaises.

L'histoire de cet art nous paraît devoir se diviser en trois époques distinctes :

Dans la première, le tapissier *n'imite pas la peinture,* mais seulement le dessin ; ses modèles, ou *cartons,* préparés par des peintres ou par des dessinateurs, ne comportent, sous le rapport du coloris, que de simples indications auxquelles il ne s'astreint même pas. *Il est lui-même le coloriste ;* il a ses gammes *invariables* composées d'un petit nombre de couleurs franches fixées sur la laine et la soie par le teinturier.

Chez lui, lors même que les modèles sont des peintures complètes, point de distinction entre tel ou tel maître ; sous sa palette, Raphaël et Rubens, Lucas de Leyde et Vouët ont exactement la même valeur, se rencontrent sous un vêtement uniforme. Dans ce système, tout est combiné pour une production expéditive ; ce sont les procédés les plus simples, les procédés industriels qui dominent ; pour tout dire enfin : c'est l'époque de *la tapisserie industrielle ;* époque qui nous paraît embrasser l'ensemble des productions de cet art, depuis son origine en France, jusqu'à la fondation, en 1662, de la manufacture des meubles de la couronne par Louis XIV.

La seconde époque est celle où, par suite d'une direction nouvelle, le tapissier abandonne graduellement son coloris propre et ses procédés industriels. Les nuances intermédiaires se multiplient, les tapisseries s'individualisent, si nous pouvons nous servir d'une telle expression, et rappellent de loin les maîtres dont les œuvres ont servi de modèle.

Les modèles eux-mêmes se modifient. Ce ne sont plus de simples dessins, légèrement teintés, mais des peintures de plus en plus complètes. De tels changements ne s'effectuent pas sans difficulté : c'est une lutte entre le principe industriel et le principe artistique émané de la peinture, lutte qui se personnifie dans la manufacture des Gobelins, depuis 1662, jusque vers la fin du XVIIIe siècle. Cette seconde époque peut donc être appelée celle *de l'imitation restreinte de la peinture.* Dans la troisième et dernière époque, les traditions industrielles achèvent de s'effacer, la tapisserie est transformée en *un art de pure imitation,* procédant, toutefois, dans les limites imposées par la nature du tissu, par les ressources du teinturier, par l'emploi de la laine et de la soie, au lieu d'une couleur fluide ; de ces diverses conditions résulte, non une *copie,* mais une *traduction* où le coloris du modèle est reproduit avec une fidélité, une vigueur, une harmonie, une science, inconnues des siècles précédents.

Les produits de cette troisième période surpassent les anciennes tapisseries, autant que la gravure moderne sur buis, exécutée par les plus habiles artistes, surpasse la gravure sur bois de poirier, des xve et xvie siècles ; la perfection, unique raison d'être des manufactures impériales de tapisseries, n'empêche pas cependant quelque tardive protestation de l'élément industriel, totalement subalternisé ; mais il est difficile de remonter le cours des âges ; on ne refera pas plus les tapisseries de Milon, de Beauvais, de Dubourg, de Girard Laurent (1), qu'en peinture, on ne restaurera l'école byzantine.

Ce que l'époque moderne doit recueillir de l'héritage du passé, et surtout des traditions du xviie siècle, c'est d'employer le talent des peintres les plus habiles à créer des décorations et des modèles de tenture, dans les conditions propres de la tapisserie, et en tenant compte des progrès de cet art, où la France n'a pas de rivaux.

La division, en trois époques, caractérisée à la fois, par la qualité des modèles et par le mode d'imitation, n'a

---

(1) Célèbres tapissiers des xve, xvie et xviie siècles.

rien d'arbitraire, elle repose sur des faits certains, dont l'ensemble forme une histoire du plus grand intérêt ; nous nous bornerons à une simple esquisse, laissant parler, bien plus que nous ne parlerons nous-mêmes, les peintres, les tapissiers, les administrateurs, les hommes de mérite qui ont laissé quelque trace de leur passage dans ces établissements.

Les archives générales de l'empire, celles de la manufacture des Gobelins, les manuscrits de la bibliothèque impériale et quelques autres dépôts publics nous ont fourni la totalité des matériaux inédits dont nous avons fait usage. La nécessité d'abréger ne nous a pas permis d'étendre les citations autant qu'il l'eût fallu pour la satisfaction du lecteur, et surtout de ceux qui aiment les recherches approfondies ; nous réservons ce complément pour une publication (1) plus en rapport avec l'importance du sujet.

Paris, le 1er juillet 1853.

(1) Elle consistera en un recueil de documents inédits sur l'art de la tapisserie, précédés d'un résumé historique.

NOTICE

SUR L'ORIGINE ET LES TRAVAUX

DES MANUFACTURES

DE

TAPISSERIES DES GOBELINS

ET DE

TAPIS DE LA SAVONNERIE.

CHAPITRE PREMIER.

Origine de l'art des tapisseries. — Anciennes corporations des tapissiers.

L'art de fabriquer les tapisseries, originaire de l'Orient, où, dès la plus haute antiquité, on savait imiter la peinture, en combinant des fils de diverses couleurs (1), a été, selon l'opinion commune, introduit en France dans le cours du ixᵉ siècle : saint Angelme de Norvége, évêque d'Auxerre, mort en 840, faisait exécuter pour son

(1) Le métier sur lequel s'exécutaient ces tissus est l'une des inventions primitives qu'on retrouve chez tous les peuples, et paraît avoir été le plus anciennement mis en usage pour opérer un tissu quelconque. Ce métier, à chaîne verticale, perfectionné dans la suite des âges, est encore employé aujourd'hui à la manufacture des Gobelins sous le nom de métier à *haute lisse*. Les Égyptiens furent, dit-on, les premiers qui, pour faciliter la fabrication des tissus ordinaires, disposèrent différemment la chaîne et le travail, en rendant le métier horizontal ; de là, par opposition, le nom de métier à *basse lisse* qui lui a été donné. Des fragments de tissus

église un grand nombre de tapis (1) ; vers 985, les religieux de l'abbaye de Saint-Florent de Saumur fabriquaient eux-mêmes dans leur enclos des tapisseries et diverses sortes d'étoffes (2) ; Matthieu de Loudun, abbé de ce monastère, nommé en 1133, y fit exécuter pour son église une tenture complète ; sur l'une des deux pièces qui devaient orner le chœur, on représenta les vingt-quatre vieillards de l'Apocalypse ; sur l'autre pièce, un sujet tiré du même livre, et sur celles de la nef, des chasses de bêtes fauves (3). Vers l'an 1060, Gervin, abbé de Saint-Riquier, fit remarquer sa libéralité par les tentures qu'il acheta et *par les tapis qu'il fit faire* (4). Il existait à Poitiers, en 1025, une manufacture de tapisseries et de tapis dont le tissu offrait des figures d'animaux, des portraits de rois et d'empereurs, des sujets tirés de l'histoire sainte (5) ; les villes d'Arras, de Reims, de Troyes, de Beauvais, d'Aubusson, de Felletin, de Tours ont également vu de bonne heure cette industrie se naturaliser chez elles. Dans le développement considérable

égyptiens faisant partie de la collection Clot-Bey, récemment acquise par le musée du Louvre, donnent une idée de cet art antique et du degré de perfection auquel il était déjà porté à une époque fort reculée.

(1) Le Bœuf, *Histoire d'Auxerre*, tom. I, pag. 173. — Le Père Labbe, *Histoire de l'Église d'Auxerre*, chap. xxxv.

(2) D. D. Martenne et Durand, *Historia monasterii sancti Florenti salmuriensis*. ampl., col. tom. V.

(3) *Ibid.*

(4) *In palliis adquirendis, in tapetibus faciendis.* Vit. S. Gerv., c. vii ; apud d'Ach. et Mab., *ibid.*, tom. IX, pag. 322.

(5) Hist. Episc. Autissiod, chap. liii, apud Labbe, nov. bibl. manuscr., tom. I, pag. 457. — Le Bœuf, *Mém. concern. l'hist. d'Aux.*, tom. I, part. i, pag. 258. — Chron. Gaufredi, cap. ix ; apud Labbe, *ibid.*, tom. II, pag. 283. — Episc. Carnut. elogia ; apud Mabill. analecta vet. monum., tom. II, pag. 598.

qu'elle présente à ces époques reculées, non-seulement en France, mais encore dans diverses parties de l'Europe, l'Orient ne peut toutefois revendiquer que les éléments primitifs et le fait d'une simple initiation ; il y a loin des grossières images, des rudes figures à teintes plates tracées sur quelques anciens tissus persans ou byzantins, aux admirables scènes représentées sur les tapisseries de l'Occident. Les tissus eux-mêmes, soit pour la matière, soit pour le travail, diffèrent essentiellement ; ceux du Levant sont d'or, de soie et brochés (1), ceux de l'Occident jusqu'au xiie siècle, sont de laine, de fil, et en général à trame continue. Quand après la fameuse bataille de Nicopolis, en 1595, Charles VI, roi de France, voulut savoir, dans l'intérêt des princes et seigneurs français prisonniers, quels seraient les présents les plus agréables au sultan Bajazet Ier, le chevalier Jacques de Helly « respondit à ce et dit que l'Amorath prendrait grand plaisance à voir draps de hautes lices ouvrés à Arras ou Picardie, mais qu'ils fussent de bonnes histoires anciennes..... avecques tout, il pensait que fines blanches toiles de Rheims seroient de l'Amorath et de ses gens recueillies à grand gré, et fines escarlates ; car de draps d'or et de soie, en Turquie, le roi et les seigneurs avoient assez et largement, et prenoient *en nouvelles choses* leurs esbattements et plaisances (2). »

Ce texte précis démontre qu'autant les belles étoffes d'or et de soie étaient répandues en Orient, autant les tapisseries historiées y étaient rares et estimées ; il est vrai

(1) Cette observation ne s'applique pas aux tapis de pied veloutés, dont la filiation se suit d'ailleurs mieux que celle des tapisseries, historiées.

(2) Extrait des *Chroniques de sire Jean Froissard,* liv. IV, ch. LIII, an. 1396.

que, *deux siècles* plus tard, Philippe II, roi d'Espagne, recevait de l'un des successeurs d'Amorath vingt tapisseries de drap d'or sur lesquelles étaient réprésentées, dans le tissu même, les victoires remportées par le donateur; mais cela n'infirme en rien notre assertion : il n'avait sans doute pas fallu *deux siècles* aux patients ouvriers de Smyrne ou de Constantinople pour se perfectionner à leur tour, en imitant les chefs – d'œuvre de la textrine occidentale. D'ailleurs, nous ne savons quel était le mérite artistique de ces tapisseries données en présent à Philippe II, et nous pouvons, non sans raison, présumer qu'elles étaient à petits personnages, et à teintes plates ; ce qui, malgré la communauté d'origine, constitue un art inférieur à celui des tapisseries d'Occident.

Nous ne pousserons pas plus loin ce parallèle et l'étude de ces questions, qui, pour être résolues d'une manière satisfaisante, demanderaient des volumes.

Les plus anciens fabricants de tapisserie en France, nommés dans le recueil des règlements des arts et métiers (1), portaient le nom de *sarrazinois ;* dès le xII^e siècle, sous le règne de Philippe–Auguste, ils formaient à Paris une importante corporation, qui, entre autres priviléges dus à la protection royale, jouissait gratuitement de l'exemption de faire le guet. Ce privilége leur ayant été contesté par le maître des tisserands, Jehan de Champiaus, ils présentèrent au roi Louis IX une requête dont le texte est transcrit à la suite d'un statut du xII^e siècle concernant leur industrie :

« Touz cil qui ont soissante ans d'aage, et cil qui leur fames gisent d'enfant, tant come èles gisent, sont quite

____

(1) *Registres des mestiers et marchandises de la ville de Paris.*
(Manuscrit de la Sorbonne.)

du guet. Et soloient estre tuit li autre del mestier devant dit fors puis iиj anz en ça que Jehans de Champiaus, mestre de toisseranz, les a fait guetier contre droit et contre reson, si come il semble aus preudeshomes du mestier ; car leur mestier n'apartient qu'aus yglises et aus gentilshomes et aus hauz homes, comes au roy et a contes, et par tèle reson avoient–ils esté frans de si au tens devant dit que icil Jehans de Champiaus a qui le guet de toisseranz est, les a fait guetier contre reson, si come il est dit devant, et met le proufit dans sa bourse et non pas en la bourse lou roy. Pour laquel chose li preudome du mestier devant dit prient et requèrent au roy que il y mete sa grasce et son conseil seur ceste chose, à ce que il soient quite du guet tout communément, si come il ont esté en son tens, fors que puis iij anz en ça, et ou tens son père le roy Leouis et son bon aieul le roy Félippe. »

Jehan de Champiaus n'était coupable que d'avoir trop rigoureusement appliqué les statuts alors en vigueur et imposant aux tapissiers de Paris « *le guet, la taille et les autres redevances que li bourgeois doivent au roy.* » Étaient alors seuls exempts de faire le guet : « *li deux preudeshomes qui gardent le mestier, li homes qui ont passé 60 ans et ceux à qui leurs fames gisent d'enfans.* » Le roi saint Louis ou son successeur Philippe III eurent sans doute égard à la requête des Sarrazinois, et les maintinrent dans l'exemption dont ils avaient précédemment joui, par faveur ou par simple tolérance, car les statuts promulgués dans les années 1277, 1280, 1302, ne leur imposent à ce sujet aucune obligation, et une ordonnance du 8 février 1484 les en déclare francs et quittes, sans qu'ils soient tenus de rien payer pour jouir de cette exemption. De plus, ils ne devaient au roi rien de ce *qu'ils achetaient et vendaient de leur métier,* ils étaient exempts de toutes charges autres que celles qui leur étaient communes avec les bourgeois de Paris. Ils avaient enfin la permission de teindre eux-mêmes les étoffes (1) employées dans leur fabrication. Ces priviléges, d'une certaine importance pour le temps, se justifient par les conditions exceptionnelles de l'industrie, ou plus exactement, de l'art du tapissier, art exigeant un long apprentissage, des connaissances variées, des frais considérables, toutes circonstances parfaitement appréciées, même à l'époque où les tapissiers se classaient parmi les simples artisans ; nous verrons plus tard les successeurs de saint Louis, Henri IV, Louis XIII, Louis XIV encourager cet art par des faveurs plus réelles, par des subventions d'argent, par l'ennoblissement des plus habiles maîtres tapissiers de leur temps, distinction qui n'était pas alors purement honorifique, mais qui emportait l'exemption presque totale des charges publiques.

Le travail des tapissiers sarrazinois paraît n'avoir été qu'une sorte de broderie, ainsi qu'il résulte de quelques documents inédits, et entre autres d'un inventaire des tapisseries du roi Charles VI, du 11 mars 1421 :

X. Item. Une chambre à façon *sarrazinoise*, vieille et usée, contenant ciel, dossier et couverture *brodée* autour de velours pers (2), *brodée à fleurs de lis* et doublée de toile vermeille, et en la couverture et dossier, les peaux de deux bêtes sauvaiges, en manière de panthère : prisée quatorze livres parisis.

XXVIII. Item. Une petite coustepointe, de *façon sarrazinoise brodée* sur cuir au milieu, de veluyau (3) pers,

---

(1) On appelait ainsi les laines, les soies, l'or et l'argent filés mis en œuvre par les tapissiers.

(2) Bleu foncé.

(3) Velours.

un escu aux armes de Bourbon et deux pappegaulx (1),
doublé de toile perse : prisée quatre livres parisis.

LV. Item. Une nappe de toile pour autel, *brodée à
façon de sarrazins*, contenant quatre aulnes trois quartiers de long et sept quartiers de large : prisée soixante
sous parisis.

Ces détails parfaitement authentiques reportent la pensée à l'un des plus anciens monuments de l'art de la
tapisserie en France, à la tapisserie de la reine Mathilde.
Cette princesse, *aidée des dames de sa cour*, aurait, dit-on,
brodé elle-même, à l'aiguille, l'immense frise de 214 pieds
de long et de 18 pouces de haut, qui représente les hauts
faits de son époux, la conquête de l'Angleterre, en 1066...
Il nous semble plus naturel de croire que la reine Mathilde
s'est bornée à diriger le travail *des dames de sa cour* et que
celles-ci se sont fait aider par d'habiles brodeurs ; tels que
l'étaient les Sarrazinois... Ce qu'on peut affirmer, c'est que
ces derniers ne travaillaient pas *en haute-lisse*, et que
d'autres ouvriers, dits haute-lissiers, établis longtemps
après eux à Paris, leur ayant fait une rude concurrence,
il y eut, vers la fin du XIVe siècle, nécessité de terminer
leurs différends par la réunion des deux industries en un
seul et même corps.

Cette incorporation commencée en 1301 fut entièrement consommée par la confection de statuts communs
transcrits sur les registres du Châtelet, le samedi après
les brandons de l'année suivante. Les nouveaux articles,
ajoutés en 1302 aux statuts de 1277-1280, par le prévôt
Pierre Le Jumeau, sont ainsi motivés : « Après ce, dis-
cort fut meu entre les tapiciers sarrazinois devant diz d'une

(1) Pluriel de pappegai ; vieux mot qui signifiait autrefois per-
roquet.

part, et une autre manière de tapiciers que l'on appelle *ouvriers en la haute-lice* (1), d'autre part sur ce que les mestres des tapiciers sarrazinois disoient et maintenoient contre les ouvriers en la haute-lice, que ils ne pooient ne ne devoient ouvrer en la ville de Paris jusques à ce qu'ils fussent jurez et serementez, aussi comme ils sont de tenir et garder tous les poinz de l'ordenance dudit mestier, en la manière qu'il est contenu ès lettres dessus trans-criptes et ou registre du Chastelet, pour ce que c'est aussi un semblable mestier... de la volonté et de l'assense-ment Renaud le tapicier, Simon Le Breton... pour eux et pour le commun des tapiciers Sarrazinois, voulurent, louèrent et approuvèrent... ce adjouté par nous de leur commun accord, qu'iceux mestres ouvriers en haute-lice, pourront prendre et avoir apprentis... pourront ouvrer en la haute-lice tout comme ils pourront veoir de lueur de jour et pourront travailler dans la ville... et pour les choses dessus dites faire tenir et garder, seront establis, à savoir : un maistre du mestier des tapis sarrazinois et un autre maître du mestier de haute-lice... etc... »

Les tapissiers sarrazinois et les tapissiers hauts lissiers formèrent un corps à part, jusqu'en 1625, époque à laquelle on les réunit à d'autres corps de métier qui n'avaient avec eux qu'une affinité très-éloignée : les couverturiers-nôtrés-sergiers, les courtepointiers-cou-tiers (2). Mais déjà les sarrazinois avaient subi de telles

---

(1) Ces ouvriers *en la haute-lice* sont ici nommés pour la première fois dans les règlements des divers corps de métiers. (Manuscrit de la Sorbonne.)

(2) Le corps des marchands tapissiers de Paris, l'un des plus an-ciens et des plus nombreux de cette ville, avait été formé par les incorporations successives de six communautés distinctes : 1° celle des tapissiers sarrazinois; 2° celle des tapissiers hautelissiers, mar-chands et fabricants de tapisseries de haute et basse lisse, faisant

transformations que leur industrie primitive, à peu près oubliée, était l'objet des plus vagues conjectures ; à ce sujet, Pierre du Pont, premier tapissier de la Savonnerie, s'exprime ainsi, en 1632 : « Il est à présumer qu'après l'entière ruine des sarrazins par Charles Martel, en l'an 726, quelques-uns d'iceux qui sçavoient faire de ces tapis, fugitifs et vagabons, ou possible rechappés de la défaite, s'habituèrent en France pour gaigner leur vie et commencèrent à faire et establir cette manufacture de tapis sarrazinois. De savoir de quelle fabrique ni de quelle métode ou estoffe estoient faits lesdits tapis, on n'en peut que juger, sinon que l'on voit par ladite sentence (celle de 1302) que ces tapissiers sarrazinois sont institués beaucoup devant les tapissiers de haute lisse, et estoient en possession dès longtems, mais sur leur déclin, et que lesdits tapissiers de haute lisse commençoient à naître pour ensevelir et mettre hors lesdits sarrazinois, comme ils ont fait.

« Tant il y a que cette manufacture, si c'est la mesme, estant manquée, en ces pays, soit qu'elle soit demeurée, entre ces Turcs, soit qu'elle ait été perdue, depuis ce temps, nous la voyons néanmoins estre relevée et rétablie avec plus de perfection qu'elle n'a jamais esté et qu'elle n'est en la Turquie... (1) »

aussi la *rentraiture* ; 3° celle des tapissiers nôtrés fabricants et marchands de serges, tiretaines, couvertures de soie, coton, laine et façon de Marseille ; 4° celle des tapissiers contrepointiers, marchands de toutes sortes de meubles et tapisseries, fabricants de lits, pavillons, siéges, tentes et autres équipages de guerre, en toutes sortes d'étoffes, de coutils et de toiles peintes et non teintes ; 5° celle des courtepointiers, faiseurs de tentes, pavillons, et autres meubles de coutils et de toiles sans teinture seulement ; 6° enfin celle des courtiers fabricants de coutils.

(1) Extrait du chap. II de la STROMATOURGIE *ou de l'excellence de la*

Ces vicissitudes, ces modifications profondes dans l'art des tapissiers sarrazinois n'empêchent pas leur nom de se perpétuer jusqu'à l'epoque de l'abolition des maîtrises et jurandes, et de figurer dans tous ces règlements de la corporation des maîtres tapissiers. L'un des derniers statuts, celui de 1625-27, contient quelques dispositions que nous ne pouvons nous dispenser de rappeler :

VIII. Item. Il sera enjoint à tous les maîtres et ouvriers de haute-lisse-sarrazinois et de rentraitures, courtepointiers, nôtrez (1), coutiers, de bien et duement travailler et œuvrer de bonnes étoffes, sçavoir de faire et œuvrer toutes sortes de tapisseries de haute-lisse, tapis sarrazinois pleins et velus de toutes sortes de façons, de Turquie et du Levant, qu'ils ne soient de toute fine laine, soye et fleuret, or et argent, et d'imiter les desseins et patrons au de plus près que faire ce doivent, à peine d'amende, et qu'à le faire autrement l'ouvrage sera tenu pour faux, et le maître l'amendera de vingt livres parisis d'amende, sçavoir la moitié au Roi et l'autre moitié aux maîtres jurez.

Manufacture des tapits dits de Turquie, nouvellement establie en France sous la conduite de noble homme Pierre du Pont, tapissier ordinaire du Roy esdits ouvrages — mieux faire que bien dire — à Paris, en la gallerie du Louvre, en la maison de l'autheur, 1632.

Ce livre, très-rare, de 42 pages in-4°, est divisé en quatre PARTERRES : « *le premier desquels contient la signification du mot* STROMATOURGIE, *le second l'antiquité et excellence d'icelle; le troisième monstrera de bien et deuëment travailler es dits ouvrages..... et le quatriesme et dernier fera mention comment, et par qui elle a esté introduite.* »

(1) L'origine et la signification première de ce mot sont inconnues. On a cru l'expliquer en disant que, par tapis *nostres* ou *nôtres*, il fallait entendre des tapis fabriqués *chez nous*, par opposition aux tapis sarrazinois ; mais il est difficile d'admettre une pareille explication.

IX. Item. Il sera défendu à tous maîtres, savoir, d'employer du faux, or et argent pour du fin , ni or de Boulogne pour or de Milan , ni fleuret pour de la soye ni autre chose de semblable ; et sera défendu d'employer ni mettre en œuvre du fil, tant pour servir de laine , que soye et fleuret, attendu que c'est chose fausse ; ni mettra-t-on peinture sur l'œuvre achevé : et toutes tapisseries et tapis qui seront trouvez sur aucune, qui ne soient tout de laine, seront tenuz pour faux et le maître l'amendera de vingt livres parisis, la moitié au Roy et l'autre aux jurez.

X. Item. Que nul ne pourra rentraire (1) aucune tapisserie ni tapis sarrazinois, dit de Turquie ou du Levant, de toutes les sortes, si rompus et gâtez qu'ils puissent être si, premièrement, elle n'est chaînée de bonne et fine chaîne de laine, et comme elle est étoffée et fabriquée, et assortira les laines , soye et fleuret, or et argent au plus proche que faire se doivent, et le tout comme elle etoit fabriquée auparavant ; et quiconque chaînera de fil, ni n'assortira au plus proche les couleurs, ni qui

(1) La rentraiture est un art qui consiste à remettre presque en leur premier état les tapisseries altérées par le temps ou par des accidents quelconques. Le rentrayeur rétablit, à l'aiguille, les petites parties détruites ; il enlève au besoin des morceaux très-considérables et les remplace, sans que l'on puisse ensuite discerner les endroits où ces changements se sont effectués. Des tapisseries ou des tapis exécutés en plusieurs pièces sont par lui ajustés, sans laisser apercevoir une suture. S'agit-il de la couleur? par des procédés divers, il ôte ce que les vapeurs de l'air, la poussière, la fumée des appartements a attaché de saletés à la surface des tapisseries ; les détails des paysages, les terrains, les fleurs, les fruits, les ornements plus ou moins confondus sous une teinte rousse uniforme, se détachent de nouveau, les uns des autres, avec leur valeur respective ; les carnations affaiblies, décolorées, retrouvent à peu près leur premier éclat.

n'imitera le dessein, toutesfois l'œuvre sera tenu pour faux, et le maître l'amendera de vingt livres parisis d'amende, savoir la moitié au Roy et l'autre aux jurez.

XI. Item. Que nul ne pourra nettoyer ni raffraîchir toutes sortes de tapisseries et tapis, si premièrement que ce ne soit de bonne étoffe pour faire couleurs de teinture cramoisy et commune, suivant et conformément à celle comme ladite tapisserie est fabriquée et étoffée ; et quiconque employera peinture ou malfaçon en icelle, l'œuvre sera tenu pour faux, et le maître l'amendera de vingt livres parisis d'amende, comme dit est.

XII. Item. Que nul ne pourra doubler aucune tapisserie ni tapis, si, premièrement, la toile n'est lessivée, ou du moins mouillée, et sera défendu de coudre les relais (1) desdites tapisseries de fil blanc ; mais de toute autre sorte de fil de couleur, les pourra-t-on coudre, et le tout par l'envers, à peine d'amende comme il est dit ci-dessus.

XIX. Item. Il sera défendu à toute personne, de quelque condition et qualité qu'elle soit, de s'ingérer de travailler et se mêler des fonctions de tapissier, s'il n'est maître en cette ville de Paris, à peine de confiscation des marchandises, outils et ustanciles, et de cent livres d'amende, moitié au Roy et l'autre moitié aux jurez.

Plusieurs des six communautés qui avaient contribué, par leur incorporation successive, à la forme du corps des marchands tapissiers voulurent honorer leurs patrons comme auparavant ; les sarrazinois-rentrayeurs et les hautelissiers avaient, pour patrone, sainte Geneviève de

(1) On appelle relais les solutions de continuité que présente dans le sens de la chaîne, ou obliquement, le tissu de la tapisserie, lorsqu'un contour quelconque du dessin se détache sèchement, sans transition ou nuance intermédiaire, sur le contour juxta-posé. La réunion des deux parties s'opère, après coup, par une couture.

Paris. Saint Sébastien était le patron des couverturiers notrez ; les courtepointiers honoraient saint Louis roi de France et saint François d'Assise. Ce fut ainsi que le corps entier ,les maîtres tapissiers de Paris conserva quatre patrons ; mais, en dernier lieu, il ne célébrait solennellement que la seule fête de saint Louis. La confrérie originairement établie dans la sainte chapelle du palais fut successivement transférée, en 1723, dans l'église des Blancs-Manteaux, et, en 1745, dans celle des bénédictins du prieuré de Saint-Martin-des-Champs (1), où elle était encore à l'époque de la supression des corporations.

Nous terminerons ce chapitre par une observation essentielle :

L'une des difficultés des recherches relatives à l'art des tapisseries est dans l'ambiguité des termes dont on s'est servi pour désigner ces tissus : les mêmes dénominations sont perpétuellement appliquées aux *tapis, tapisseries et tentures formés de tissus de nature très-diverse;* pour éviter une confusion de ce genre, nous appellerons, selon l'acception moderne.

TAPIS. Les tapis de velours.

TAPIS RAZ. Les tapis de pied unis.

TAPISSERIES. Les tapisseries historiées, *verdures*, etc., ce qu'autrefois, enfin, on nommait assez généralement *tapis de murailles.*

TENTURE. L'ensemble de plusieurs pièces de tapisse-

---

(1) Placés sous une juridiction exceptionnelle, les tapissiers des manufactures royales n'en étaient pas moins, sous le rapport spirituel, unis d'intention avec leurs confrères du dehors : la chapelle de la Manufacture des Gobelins, édifiée par Louis XV, était et est encore sous l'invocation de saint Louis.

ries , de hauteur pareille et de largeurs diverses, destinées à un seul et même appartement. Une *tenture* comprenait autrefois jusqu'à 15 et 20 pièces de tapisseries , jamais moins de 5 ou 6 pièces, parmi lesquelles se trouvait un ou plusieurs *entre-fenêtres*, pièces plus ou moins étroites , destinées, comme l'indique le nom , à garnir l'intervalle ou trumeau entre deux fenêtres. Sous cette dénomination de tenture , on comprenait aussi d'autres parties d'ameublement : quand le roi donnait *une tenture*, ce n'était pas seulement une suite de tapisseries ayant entre elles 20 ou 30 aunes *de cours*, ou de développement horizontal ; mais aussi les chaises , fauteuils, canapés , tabourets , écrans , paravents , composés et exécutés dans le même style que les pièces destinées à la décoration des murs.

A une époque plus éloignée , on désignait par le mot **chambre** les tapisseries ou étoffes diverses disposées pour la décoration d'un appartement et particulièrement pour celle du lit qui, dans ses belles dimensions, n'avait pas moins de huit pieds de long sur dix à douze pieds de large. On lit dans l'inventaire du mobilier de l'évêque de Langres, en 1395 (manuscrit de la bibliothèque impériale) : « Premièrement , dans la chambre haute du seigneur , ils trouvèrent une *chambre* perse (bleue) brodée , à divisions (ou compartiments), d'un cerf lié à un arbre, *munie de son ciel et de ses deux dossiers* (1). »

Et dans l'inventaire , déjà cité des tapisseries de Charles VI, roi de France :

« VII. Item. Une *chambre* de soye , champ azur , brodée a fleurs de lis, doublée de cendal vermeil, armoyée, moitié aux armes du Roy et l'autres aux armes de Bourbon *contenant*

---

(1) Voici le texte latin : « Primo in camera alta domini invenerunt unam cameram persam , brodatam de divisione unius cervi ligati ad unam arborem, munitam cœlo duobus dosseriis.

ciel, dossier et couverture, et n'est point ledit ciel frangié (1):
Prisé vingt livres parisis.

CXLVI. Item. Une *chambre ciel et dossier*, seulement le
champ vermeil, a feuille de chesnes d'or et arbroye de plusieurs arbres d'or, laquelle chambre est de la devise des
jouxtes de Saint-Denys, et a ou dossier deux personnes, l'un
d'un homme armé à cheval, et l'autre d'une dame qui le
maine, et au-dessus les personnages de deux Roynes et d'une
dame, tous lesdits personnages ouvrés et fais d'or, de soye, et
oudit ciel a une touffe de bois de chesnes grans tous d'or et de
soye, ung estendart d'or tout desploye et des lances, et a
chascun costé, un personnage de hommes qui ferrent (2)
lances et plusieurs qui sont espandues par le champ.

CXLVII. La couverture de ladite chambre des jouxtes Saint-
Denys, de ladite devise, doublée de cendail (3) vermeil, de
laquelle a esté coppé a deux des coings environ trois aulnes et
une aulne de le : prix douze cent livres parisis.

(*Nota*. Cette estimation comprend les deux articles.)

CLXVII. Item. Une *chambre de drap d'or, ciel, dossier et
couverture* a Lyons qui tiennent rouleaux où est escrit :
« CAROLUS. » Trois cent trente-six livres parisis.

CCLXXXIX. Item. Une *chambre de tapisserie* d'Arras sur
champ vermeil, de l'ystoire de Plaisance, appelée la chambre
d'honneur, dont les *ciel, dossier et couverture* sont d'or et de
soye, à plusieurs petits personnages a pié et à cheval, et
six tapis de fil de laine d'or et de soye : prisé, c'est a savoir,
ladite chambre, neuf cent vingt-huit livres parisis et lesdits
six tapis de laine : cinq cent quatre livre parisis ; pour tout,
quatorze cent trente-deux livres parisis. »

Le mot *chambre*, pris dans cette acception, est depuis longtemps *tombé en désuétude*.

(1) A franges, crépines ou lambrequins.
(2) Portent.
(3) Étoffe de soie unie analogue au taffetas moderne, d'un usage
très-habituel ; on l'employait pour des bannières, des couvertures,
des habits, des coussins, des tentures de chambre et de lit. Il y avait
des cendaux de couleur vermeille, bleue, verte, jaune, azurée, etc.

CHAPITRE II.

Des manufactures royales de tapisserie jusqu'à l'établissement
de la manufacture des meubles de la couronne, par Louis XIV,
en 1662.

La première manufacture royale de tapisseries établie
en France fut celle de Fontainebleau (1); François Ier y
réunit quelques tapissiers de haute-lisse, sous la direction
de Philbert Babou, sieur de la Bourdaizière (2), surintendant des bâtiments royaux et de Sébastien Serlio (3), son
peintre et *architecteur* ordinaire ; il confia l'exécution des
modèles, ou *patrons*, à plusieurs des peintres français et
étrangers qui travaillaient à la décoration de cette résidence royale ; les comptes des bâtiments, de 1540 à
1550 (4) font à ce sujet, mention de Claude Badouyn
peintre, habituellement chargé de ces sortes de travaux (5). Ces mêmes comptes donnent aussi les noms de

---

(1) « Si quelqu'un des prédécesseurs de François Ier établit des
manufactures à Paris ou aux environs, je n'en trouve rien nulle
part. » (Sauval, *Histoire des Antiquités de la ville de Paris*, l. IX.)

(2) Nommé par lettres patentes du 22 janvier 1535. Nicolas de
Neufville, sieur de Villeroi, lui fut adjoint un peu plus tard.

(3) Nommé par ordonnance du 27 décembre 1541.

(4) De La Borde. (*De la renaissance des arts à la cour de France,
ou Études sur le XVIe siècle.*)

(5) « Audit Badouyn, paintre, pour avoir vaqué à faire des patrons sur grand papier, suivant certains tableaux estans en la grande
gallerie dudit lieu, pour servir de patrons à ladite tapisserie, à raison
de vingt livres par mois. » (De La Borde, *Études sur le XVIe siècle.*)
Lucas Romain, Charles Carmoy, Francisque Cachenemis et Jean-
Baptiste Baignequeval, peintres, sont aussi désignés « pour avoir

quinze maîtres tapissiers recevant du roi la soie, la laine, l'or et l'argent filé, matières premières de leur fabrication, et payés selon leur talent, de dix à quinze livres par mois (1); ils étaient sous l'inspection particulière et quotidienne de Salomon de Herbaines (2), maître tapissier du roi, ayant la garde des meubles et tapisseries du château de Fontainebleau, chargé de surveiller et de stimuler tout le personnel employé à l'achèvement et à la décoration du château.

Les tentures françaises s'enrichirent à cette époque d'un luxe nouveau, par les rehauts d'or et d'argent introduits dans leur texture, mais plus encore par les travaux des

vaqué tant aux patrons de la tapisserie qu'à d'autres ouvrages de peinture. » (*Ibid.*) Félibien, *Entretiens sur les vies et sur les ouvrages des peintres*, t. III.)

(1) « A Salomon et Pierre de Herbaines frères, maîstres tapissiers ayant la garde des tapisseries du roi du château de Fontainebleau, la somme de deux cent quarante livres pour leurs gages de une année, à cause de leur dite charge.

• A Jean Le Bries, tapissier de haute-lisse, pour avoir vacqué esdits ouvrages de tapisseries de haute-lisse, suivant les patrons et ouvrages de stuc et painture de la grande gallerie dudit château de Fontainebleau, à raison de douze livres dix sous par mois.

« A Jean Le Gouyn, tapissier de haute-lisse, pour avoir vacqué à recouldre et regarnir les tapisseries qui estoient gastées, assavoir une chambre de tapisserie de l'histoire du purgatoire d'Amours contenant huit pièces; une autre chambre de tapisserie du romant de la Rose contenant cinq pièces; une autre chambre de tapisserie de l'histoire de Jules César, aussi contenant cinq pièces; une autre chambre de tapisserie de l'histoire de Gédéon, contenant onze pièces; quatre grandes pièces de l'histoire d'Alexandre, à raison de dix livres par mois.

« A.... Pierre de Bries quinze livres par mois; Jean Marchais treize livres par mois; Jean Desbouts, Louis Durocher, Claude Le Pelletier, Pierre Philbert, douze livres dix sous par mois; Pasquier Mailly, Nicolas Eustace, Nicolas Gaillard, douze livres par mois, Jean Texier, Pierre Blassay, dix livres par mois. » (*Ibid.*)

(2) Nommé par ordonnance du 21 avril 1543. (*Ibid.*)

premiers peintres du temps, parmi lesquels on compte Francesco Primatticcio, dit le Primatice, architecte et sculpteur appelé d'Italie par François Ier (1). « Comme le Primatice était fort pratique à dessiner, il fit un si grand nombre de dessins et avait sous lui tant d'habiles hommes que, tout d'un coup, il parut en France une infinité d'ouvrages d'un meilleur goût que ceux qu'on avait vus auparavant... il se trouve même des tapisseries du dessin de Primatice. Il y en a une tenture à l'hôtel de Condé, peinte sur de la toile d'argent, avec des couleurs claires, qui était autrefois à Montmorency (2). » L'impulsion donnée par François Ier à l'art des tapisseries ne s'arrêta pas à la création des ateliers de Fontainebleau : par de nombreuses commandes, il sut encourager les fabriques de Paris et même celles de Flandre, desquelles il acheta, moyennant vingt-deux mille écus, des tapisseries regardées alors comme le chef-d'œuvre des ouvriers de ce pays, *les batailles de Scipion*, d'après Jules Romain ; collection que Henri II compléta quelques années après par *le triomphe de Scipion* exécuté en tapisserie sur les cartons du même peintre.

Henri II conserva l'établissement fondé à Fontainebleau par François Ier et en confia la direction générale à Philibert de Lorme, surintendant des bâtiments royaux et son architecte ordinaire ; il créa aussi, à l'hôpital de la Trinité (3), une fabrique de tapisseries qui, par suite de la

(1) Nommé surintendant des bâtiments royaux par le roi François II, le 12 juillet 1559. (*Ibid.*)

(2) Félibien. (*Entretiens sur les vies et les ouvrages des plus excellents peintres anciens et modernes.*)

(3) Fondé à Paris dans le xie siècle et supprimé au commencement de la révolution, occupait la plus grande partie de l'îlot compris entre les rues Saint-Denis, Grénétat et Guérin-Boisseau. On y entre-

concession de divers priviléges , parvint rapidement à une grande prospérité. Parmi les tapisseries sorties de ces nouveaux ateliers, celles de Saint-Merry , exécutées en 1594 sur les dessins de Henry Lerambert , par un maître tapissier nommé *Dubourg,* méritent une mention particulière , si on en juge , non par les tissus eux-mêmes, détruits ou dispersés , mais par les beaux dessins qui ont servi à l'exécution des modèles en grand de ces tapisseries (1).

Ce même Henry Lerambert, sous la régence de Catherine de Médicis, reine essentiellement amie des arts, mit la main à l'une des plus importantes séries de compositions qui aient été faites pour la tapisserie : l'histoire de Mausole et d'Artémise , en 39 dessins (2) ; ou plutôt , l'histoire de Catherine de Médicis, sous l'emblème de la reine Artémise.

Une épître dédicatoire adressée à la reine et écrite en tête du recueil de ces dessins par le sieur Houel, littérateur, explique comment il avait imaginé

« De dresser un dessein de peinture qui se montrast braue en tapisserie, et qui peut servir de patron à beaucoup d'ouvriers.... Je commancé cet histoire, tant pour sa grâce et beauté, que pour une conformité de vertus que vous avez avec cette grande Royne Arthémise, et pour estre les siècles où vous avez vescu toutes deux, non beaucoup différens les uns des autres. Toutesfois, encore y auoit-il une chose qui

tenait cent trente-six orphelins dont cent garçons et trente-six jeunes filles dits *les enfants bleus,* à cause de la couleur de leurs vêtements; ils apprenaient à lire, à écrire, puis un métier. Grâce au zèle des administrateurs de cette maison , son enclos devint un lieu privilégié; les artisans du dehors, qui venaient s'y établir, gagnaient la maîtrise, à la seule condition de montrer leur état aux enfants orphelins qui devenaient alors fils de maîtres.

(1) Ils sont conservés à la bibliothèque impériale, cabinet des estampes, sous le n° 3145, A. D.

(2) Ces dessins sont conservés à la bibliothèque impériale, sous le n° 63. A. D.

me donnoit un merveilleux esguillon en cette entreprise, c'estoit que vous voyant aymer dessus tout, et les histoires et la peinture, et voyant cet ouvrage consister principalement en ces deux choses, ie ne me desesperois point, esperant que, quelque jour, elle pourroit tomber entre voz mains, et que peut estre elle trouveroit grâce et faueur en vostre endroit.... il me souvient que ie vous monstré la minute de mes histoires, auec plusieurs cartons de peinture qui vous semblèrent véritablement fort beaux, et tirez de la main de plusieurs bons ouvriers et excellens peintres; et comme il vous est facile de juger l'aise où ie me sentois pour vous voir prendre goust aux cartons de peinture.... ie me délibéray.... de poursuivre avec plus grande diligence que devant, tant l'escriture que la peinture, n'estant aucunement mon desir et mon travail altéré pour la suruenue des troubles et guerres ciuiles : de façon que, Dieu mercy, j'ay trouvé le bout de mon histoire escrite et l'aduancement fort grand de celle que ie veux faire peindre.............. si vous considérez diligemment l'un et l'autre, vous verrez quel a esté le doux et paisible gouvernement de Mausole et d'Arthémise et comme son mary, ainsy comme le feu roy Henry, a contenu son peuple en amour et obeissance; vous y pourrez voir comme, après le decez de son mary, elle a fait deuoir de Royne qui l'aimoit et l'honoroit, de sorte que sa douleur, les triumphes de ses obsèques, et le sepulchre qu'elle luy a basti a serui longtemps de merueille à tout le monde; ce qui a esté, de nostre temps, renouuellé en vous, après la mort du feu Roy Henry vostre espoux. Vous verrez l'instruction qu'elle a donné à son fils Ligdamis, tant aux lettres qu'aux armes, qui vous fera resouuenir de celle que vous auez donnée, non à un seulement, mais tous messeigneurs vos enfans et principalement au Roy qui est, de présent, en sa France; vous y verrez les estatz tenus en son royaume qui est une conformité de ceux qui ont esté tenuz à Orléans. Vous verrez comme, les Rhodiens rébellez à l'encontre d'elle, elle les a remis à son obeissance, tant par les victoires qu'elle a conquises desus eux, que par une doulceur et grâce qu'elle leur a proposée; qui sera pour vous ramenteuoir de cinq belles victoires qui, par vostre moyen, ont esté conquises......... vous y verrez les œdifices, les

colonnes, les piramides par elle construites et esleuées, tant
à Rhodes qu'en la ville d'Halicarnasse, qui seruiront de mémoire pour ceux qui se souuiendront de vostre temps et qui
s'esbahiront grandement de vos œdifices et maisons des Tuil-
leries, de Monceaux, de Saint-Maur, et infinité d'autres que
vous avez fait bastir et construire, enrichir de sculptures et
belles peintures. Vous y verrez le mariage du Roy Ligdamis,
qui vous représentera le plaisir, les triomphes et passetemps
que bientost vous verrez et que vous recevrez, s'il plaist à
Dieu, au mariage du Roy votre fils (1), et une infinité
d'autres choses qui vous reuiendront en mémoire, par la
lecture de cette histoire, et qui vous remettront deuant vos
yeux, quazi toutes vos actions, comme estant conformes à
celles de cette Royne. Vous asseurant, Madame, qu'ayant
ces histoires en vos mains avec celles des peintures qui a
esté faicte des premiers hommes tant de l'Italie que de la
France..... vous aurez une chose rare et exquise et dont vous
pourrez commander de faire de belles et riches peintures à
tapisseries, pour l'ornement de vos maisons et superbes
œdifices.....

La reine ne pouvait en effet mieux faire : elle ordonna
la reproduction immédiate en tapisserie de quelques-unes
de ces ravissantes compositions qui, pendant cinq règnes
successifs, eurent le privilége d'occuper les ateliers royaux.
De 1570 à 1660, nous comptons dix tentures d'Artémise, dont quelques-unes de 10 et 15 (2) pièces, le tout

(1) Il s'agit évidemment ici, non de François II marié, en 1552,
environ un an avant la mort ds son père, Henri II, mais de
Charles IX qui épousa, en 1570, Élizabeth d'Autriche ; les dessins
du recueil du Sr Houël auraient donc été exécutés, entre 1559
et 1570.

(2) Une tenture de tapisserie d'haute-lisse de laine et soie rehaussée
d'or, fabrique de Paris, dessein de *Lerambert*, représentant l'histoire
d'Arthémise, avec les armes de France et de Navarre, au milieu de
la borderie d'en haut, contenant soixante-trois aunes de cours, *en
quinze pièces*, sur quatre aunes de haut.

Une tenture de tapisserie d'haute-lisse, de laine et soie, fabrique

ensemble ne formant pas moins de 66 pièces de tapisserie, de 360 aunes de cours, et 1440 aunes carrées,
équivalant à une superficie de 1711 mètres carrés.

C'est dans la prévision, sans doute, de ce beau succès
que le sieur Houel écrivait, par forme d'introduction :

> « Superbe antiquité qui en toy seullement
> Te plais et t'esiouis, et qui oultrecuidée
> Te faitz comme l'exemple, et le moulle et l'idée,
> De ce qu'on voyt de beau de soubz le firmament.
> Voy cette nouveauté, et contemple comment
> Elle s'est avec l'art si haultement guidée,
> Que, sans user de toy, on la voit abordée
> Où sa perfection se voit parfaitement.
> Contemple ces cartons, admire leur painture,
> Voy comme l'art diuin surmonte la nature,
> Voy de nos bons ouuriers l'esprit et le labeur,
> Et si la nouveauté t'a tousiours combattue,
> Sans luy vouloir cèder, quictes lui cet honneur,
> Et dis qu'à cette fois tu te connois vainque. »

Les 38 ou 39 autres sonnets ne renferment pas d'aussi
fortes hyperboles ; c'en était assez cependant pour faire
sourire le génie si plaisamment apostrophé, d'autant plus
que l'œuvre des peintres, collaborateurs du sieur Houel,
brille d'emprunts faits à l'antiquité et de réminiscences
qui ne devaient pas échapper à l'œil exercé de Catherine
de Médicis.

Chaque dessin est orné du chiffre de la reine, du cartel

de Paris, dessein de *Caron*, représentant l'histoire d'Arthémise,
avec les armes de France et de Navarre dans la bordure d'en haut,
contenant quarante-deux aunes de cours, en *onze pièces*, sur quatre
aunes de haut. (Cette tenture, ainsi que nous l'expliquerons plus
loin, représentait l'histoire allégorique de *Marie de Médicis*.) Extrait
de l'inventaire des meubles de la couronne, 1704.

mi-partie de France et de Médicis, de la devise « ardo-
« rem extincta testantur vivere flamma (1), » et d'emblèmes en rapport avec les sentiments qu'elle exprime :
une flamme, la faux de Saturne, des miroirs brisés (2).

La fécondité du crayon de Henry Lerambert est encore
attestée par d'autres compositions, notamment par celles
de la tenture de Coriolan exécutée plusieurs fois, à Paris
et à Tours, sous les règnes de Charles IX, Henri III et
Henri IV. L'une des tentures de ce nom, fabriquée à
Paris, n'avait pas moins de soixante-six aunes de cours,
en *dix-sept pièces*, de trois aunes sept huitièmes de haut.

Une autre exécutée à *Tours* avait vingt aunes et demie
de cours, en huit pièces de trois aunes de haut.

Pour terminer ce court aperçu des travaux de tapisseries exécutés ou plutôt préparés sous le règne agité des
fils de Henri II (3), nous citerons encore :

« Une tenture de tapisserie de laine et soye, fabrique de
France, manufacture de Cadillac, représentant l'histoire du
roy Henry troisième, contenant *cent dix-sept aunes de cours*,
en *vingt-sept pièces*, sur trois aunes deux tiers de haut.

« Une tenture de laine et soye, fabrique de Paris, dessein
de Guyot, représentant quelques actions principales d'aucuns
de nos roys, avec la devise d'Henry III, dans la bordure d'en
bas, contenant trente-deux aunes de cours, en neuf pièces,
sur trois aunes un quart de haut.

Les troubles de cette époque eurent une influence funeste sur les manufactures royales et sur l'industrie privée ;

(1) « Ils attestent que l'ardeur subsiste, alors que la flamme est
éteinte. »
(2) Tous les dessins, sauf un seul, sont au bistre relevés de blanc;
le dixième dessin, seul, est sur papier bleu, lavé à l'encre de chine
et relevé de blanc.
(3) Des cartons ou modèles exécutés à une époque n'ont souvent
été que très-postérieurement reproduits en tapisserie.

quelques historiens les représentent , à l'avénement de Henri IV, comme en décadence, ou même comme totalement anéanties (1), ce qu'il nous est difficile de prendre au pied de la lettre. Il n'en était pas moins réservé à Henri IV de leur donner un nouvel essor et d'établir d'une façon durable ce que ses prédécesseurs avaient simplement ébauché : par ordre de ce prince , des ouvriers en or et en soie furent appellés d'Italie (2) et des tapissiers de haute lisse installés, en 1597, sous la direction de Laurent, *excellent tapissier*, dans la maison professe des jésuites , au faubourg Saint-Antoine , vacante depuis l'expulsion de ces religieux. Laurent recevait « un écu par jour et cent livres de gages, et comme il avait quatre apprentis, leur pension fut taxée à dix sols tous les jours pour chacun. Quant aux compagnons qui travaillaient sous lui, les uns gagnaient vingt-cinq sols, les autres trente, les autres quarante. Avec le temps, Dubourg (le maître tapissier qui avait fait les tapisseries de Saint-Merry) fut associé, et là demeurèrent ensemble jusques au rappel des jésuites , et pour lors, ils furent transférés dans les galeries (3). Après la mort du roi, ils n'eurent plus que

(1) « En 1594, il (Du Bourg) y faisait (à la trinité) les tapisseries de Saint-Meri , d'après les dessins de Lerambert, dont il était si grand bruit que Henri IV les ayant été voire , et les ayant trouvées à son gré, résolut de rétablir à Paris les manufactures de tapisseries que le désordre des règnes précédents avaient *abolies*. » Sauval. liv. IX.

(2) On les mit « en un grand logis de la rue de la Tixeranderie, appelé *la Maque*, où ils fabriquaient surtout des tentures d'or et d'argent frisé. » Sauval, *Antiq. de Paris*, liv. IX.

(3) Cette translation eut lieu , sur la fin de l'année 1603 ; la décision pour le rétablissement des jésuites avait été prise, en conseil, à Saint-Germain en Laye, le 25 septembre de la même année. Un peu plus tard , en 1607, permission fut donnée à tous les artistes et maîtres ouvriers de la galerie du Louvre, parmi lesquels on comptait des peintres, des sculpteurs, des graveurs en pierres précieuses, des

quarante sols par jour et vingt-cinq écus de pension pour les apprentis; mais toujours on continuait à leur fournir les étoffes, et ils travaillaient encore à la journée. Depuis ce temps ils ont toujours demeuré dans la galerie du Louvre (1) avec les autres artisans; mais, quelque part qu'ils aient été, ils ont joui de tous les priviléges de la Trinité et même de quelques autres. » (Sauval, *Antiquités de Paris*, l. IX.)

« Dubreuil, peintre fameux, et Tremblai fort bon sculpteur, » furent aussi momentanément logés dans la maison professe des jésuites. (*Ibid.*)

Ce fut là, sans doute, que Dubreuil exécuta les cartons de la tenture, dite de Diane, en huit pièces, de trente aunes de cours, dont nous trouvons plusieurs exemplaires et, entre autres, une tenture réduite, à petits personnages, également en 8 pièces, de vingt-cinq aunes de cours, sur 3 aunes un seize de haut.

Un atelier aussi restreint ne pouvait, toutesfois, remplir les vues de Henry IV : pour *oster l'oysiveté de parmi ses peuples, pour embellir et enrichir son royaume,* il ne

horlogers, des tapissiers *en ouvrages du Levant,* des tapissiers de haute-lisse, etc., de travailler pour le public, en quelque lieu que ce fût et aux apprentis qui auraient fait leur apprentissage sous lesdits maîtres, pendant le temps requis, autorisation de tenir boutique, tant en la ville de Paris qu'en toute autre ville du royaume, tout ainsi que s'ils eussent fait leur apprentissage sous les maîtres desdites villes.

Le parlement retarda pendant environ un an l'enregistrement de ces lettres patentes, parce qu'elles portaient quelque préjudice aux maîtres ouvriers et communautés de la ville qui, sans doute, y avaient mis opposition (Col. Fontanien, vol. 452, 453.)

(1) Girard Laurent tapissier ordinaire du Roy reçut son brevet de logement dans la galerie du Louvre, le 4 janvier 1608. Il se demit de cette charge (de tapissier ordinaire du Roy) en faveur de son fils Girard Laurent à qui le brévet en fut expédié, le 21ᵉ mars 1613.

devait pas, en effet, se borner à fabriquer lui-même, mais favoriser le développement de l'industrie privée et l'établissement de véritables manufactures ; c'est dans ce but qu'il fit venir de Flandres, où, depuis longues années, l'art des tapisseries était dans l'état le plus florissant (1), une colonie de tapissiers de haute lisse, qu'il lui accorda les priviléges les plus étendus et la mit sous la direction générale du sieur de Fourcy, intendant de ses bâtiments :

« Aujourd'hui, douzième jour de janvier mil six cens un, le Roy étant a..... désirant que les ouvriers étrangers que Sa Majesté a fait venir des Pays-Bas, pour travailler ès tapisseries en la ville de Paris, soient établis et fassent leurs ouvrages sous la conduite de quelques personnes affectionnées à Sa Majesté, qui ayent aussi l'œil à ce que lesdits ouvriers soyent pourveus de tout ce qu'il leur sera nécessaire, conférer de ce qui se présentera avec les maistres desdites tapisseries et leur faire fournir deniers ; et voulant davantage, ladite Majesté, prendre quelque quantité desdites tapisseries pour l'ameuble-

(1) La fécondité des manufactures flamandes où, pendant plus d'un siècle et demi, se recrutent incessamment les fabriques françaises, ne peut être assez admirée ; déjà florissantes au xiie siècle, ces manufactures parviennent, en trois cents ans, au plus haut degré de prospérité et reçoivent de Charles-Quint une constitution définitive (ordonnance du 16 mai 1544 *sur le style et mestier des tapisseries des Pays-Bas*, divisée en quatre-vingt-dix articles et contenant, sur cette fabrication, des détails aussi nombreux que précis). Quelques années plus tard, en 1553, un peintre d'Alost, nommé Couke, monte à Constantinople une fabrique de tapisserie de haute-lisse ; vers 1650, un fameux tapisier d'Ourdenarde nommé Janssens (connu en France sous le nom de Jans), conduit à Paris une colonie de tapissiers flamands et s'installe dans l'hôtel des Gobelins..... Les manufactures flamandes, au xviiie siècle, tombent en décadence ; les dernières se ferment vers 1784..... ce sont celles de Bruxelles. On conserve dans le château de Zèle (appartenant à M. E. Van Meldert) plus de cent grandes tentures provenant d'un fabricant nommé J. B. Brandt qui ne ferma ses ateliers qu'en 1772... Il y avait au garde-meuble, à l'époque de Louis XIV, de très-belles tentures

ment de ses maisons et chasteaux, ladite Majesté mémorative de la charge qu'elle a cy devant donnée au sieur de Fourcy, intendant et ordonnateur de ses bâtiments, pour les tapisseries de haute lisse qu'elle fait faire en la ville de Paris, a voulu et ordonné, veut et ordonne que ledit sieur de Fourcy ait encore aussy la charge et intendance de tout ce qui dépendra du fait de l'establissement desdits ouvriers tapissiers flamands, logement d'iceux, ordonne de tous et chacun les deniers que ladite Majesté fera mettre, pour cet effect, ès mains des trésoriers de ses bastiments, auxquels il expédiera toutes ordonnances et acquits à ce nécessaires et ordonner de tout ce qui dépendra du fait et fabrique desdites tapisseries, mêmes des necessités desdits ouvriers, selon les occasions et occurrences..... »

Dans la même année (11 septembre 1601).

« De par le Roy, deffences sont faictes à tous marchans tapissiers et autres, de quelque estat et condition qu'ils soient, de faire doresnavant apporter, venir et entrer dans ce royaume aucunes tapisseries à personnages, boccages ou verdures (1), des pays estrangers, lesquelles Sa Majesté a

exécutées en Flandre, savoir : Les Douze mois de l'année, d'après Lucas de Leyde (copiés aux Gobelins, en 1721, par Chastellain et Yvart pour modèles de tapisseries) ; les Sept Ages, par le même, la Passion de N.-S. J.-C., la Passion de saint Jean, le tableau de la Vie humaine, d'après Albert Durer ; les Chasses de l'empereur Maximilien, attribuées par quelques connaisseurs à Bernard van Orlay, qui travaillait du temps de Raphaël et qui a eu la direction de toutes les tapisseries que les papes, les empereurs et les rois ont commandées en Flandre, d'après des dessins d'Italie. Enfin, il y avait, dans la grande église de Chartres, une tenture en dix pièces admirablement exécutées en laine et en soie, d'après des dessins de Raphaël pour les loges du Vatican, représentant des traits de l'Ancien Testament. Elles étaient d'origine flamande et avaient été données à cette église par Mgr de Thou, évêque de Chartres.

(1) On appelait ainsi les tapisseries à paysages, de dernier ordre, comme art, où ne figuraient que des personnages et animaux de très-petite dimension, sans modelé, et dégradation de couleur, autrement que par teintes plates.

deffendues, sur peine de confiscation d'icelles, dont le tiers appartiendra à Sadicte Majesté, un autre au dénonciateur, et l'autre à ceux de la compagnie des maistres ouvriers et tapissiers ausquels Sa Majesté l'a affecté; ce qui sera publié en tous lieux et endroits que besoing sera, pour avoir ladicte deffense lieu du jour que la publication en sera faicte, affin qu'aucun n'en prétende cause d'ignorance..... »

Il existait alors en Flandres deux fabricants renommés, entre tous, pour leur habileté : Marc de Comans et François de la Planche; Henri IV leur confia l'entreprise et la direction particulière de sa manufacture de tapisseries, *façon de Flandres;* il les ennoblit et leur conféra, par lettres patentes de janvier 1607, privilége non-seulement pour Paris, mais encore pour toutes les villes du royaume où il leur plairait de s'établir; ces lettres portent que :

« Pendant vingt-cinq ans, nul ne pourra imiter leurs manufactures; que le roy leur donnera, à ses dépens, des lieux pour les loger, eux et leurs ouvriers, ces derniers déclarés regnicoles et naturels, sur leur certification et sans lettres patentes, exemptés de tailles et de toutes autres charges pendant lesdites vingt-cinq années; que les maîtres, après trois ans, les apprentis, après six ans, pourront avoir boutiques, sans faire chef-d'œuvre, et ce, durant les vingt-cinq années; que le roy leur donnera, la première année, vingt-cinq enfants, la seconde vingt et autant la troisième, tous françois, dont il payera la pension et les parents l'entretien, pour apprendre le mestier; que les entrepreneurs tiendront quatre-vingts mestiers au moins, dont soixante à Paris; qu'ils auront, chascun, quinze cents livres de pension et cent mille livres pour commencer le travail; que toutes les estoffes employées par eux, sauf l'or et la soye, seront exemptes d'impositions; qu'ils pourront partout tenir brasseries et vendre bierre; que l'entrée des tapisseries estrangères est défendue, et qu'en vendant les leurs, ce sera au prix que les autres se vendent aux Pays-Bas; que tous leurs procès seront jugés en première instance; par-devant les juges du lieu et par appel, au parlement de Paris, en quelque lieu qu'ils soient. » (Mss. Colbert, Bibl. nat.)

Par les soins du sieur de Fourcy, la colonie flamande fut établie dans quelques bâtiments encore debout du palais des Tournelles, précédemment démoli par ordre de Charles IX. A ce premier local, insuffisant et incommode, s'ajoutèrent, dès 1604, de nouvelles constructions destinées aussi aux manufactures de soie. Le roi écrivait à ce sujet, le 27 avril 1607, à Sully : « Je vous recommande la place Royale; j'ai appris par le contrôleur Donon qu'il se trouvait quelques difficultés avec les manufactures, pour ce qu'ils vouloient abattre tout le logis; ce n'est pas mon avis, et me semble que ce serait assez qu'ils fissent une forme de galerie devant... etc. »

L'avis de Sully était de construire la place Royale par le concours des intérêts privés, et de placer autre part les manufactures (1); cet avis prévalut, et les tapissiers, après un séjour de peu de durée sur cette place, durent émigrer dans une autre partie de la ville.

Moins zélé que le roi pour cette manufacture, Sully (2),

(1) « ... Mais, pour le bâtiment que vous voulez faire faire aux Tournelles pour vos ouvriers, je voudrois que vous eussiez choisi un autre lieu, d'autant que j'ai dessein d'y faire une construction qui sera une des plus magnifiques de Paris, voire peut-être de l'Europe, sans qu'il vous en coûte rien, et m'assure que, quand vous en verrez les trois côtés achevés, que, pour laisser achever le quatrième, vous ferez vous-même démolir ce que l'on y aura bâti pour les ouvriers. — Or bien! dit le roi, alors comme alors! » (1603, *Économies royales.*)

(2) Les vues économiques de Sully se portaient beaucoup plus sur l'ordre à établir dans les finances que sur les encouragements à donner aux arts et à l'industrie. L'établissement des manufactures de soie et d'étoffes précieuses fut, en particulier, de sa part l'objet d'une vive opposition. « ..... Je ne sais pas (dit le roi) quelle fantaisie vous a prise de vouloir, comme on me l'a dit, vous opposer à

ainsi que l'atteste la lettre suivante, ne se pressait pas de remplir les engagements contractés envers ses chefs, il ne payait qu'à la dernière extrémité :

Lettre de Henri IV à Sully (1607).

« Mon amy, vous avez assez de fois veu les poursuites que les tapissiers flamans ont faites pour estre satisfaits de ce qui leur avoit esté promis pour leur établissement en ce royaume : de quoy ayant, par une dernière fois, traité en la présence de vous et de M. le garde des sceaux, je me ré-solus enfin de leur faire bailler cent mille livres ; mais ils

ce que je veux établir pour mon contentement particulier, l'embel-lissement et enrichissement de mon royaume, et pour oster l'oysi-veté de parmy mes peuples. — Sire ! je serois, quant à ce qui regarde votre contentement, très marry de m'y opposer formellement, quelques frais qu'il y fallût faire... mais de dire qu'en cecy, à vostre plaisir soit joint la commodité, l'embellissement et enrichis-sement de vostre royaume et de vos peuples, c'est ce que je ne puis comprendre. Que s'il plaisoit à Votre Majesté d'escouter en patience mes raisons, je m'asseure, cognoissant, comme je le fais, la viva-cité de vostre esprit et la solidité de vostre jugement, qu'elle seroit de mon opinion. — Ouy dea ! je le veux bien, dit le roy, je suis content d'ouyr vos raisons ; mais aussi veux-je que vous entendiez après les miennes, car je m'asseure qu'elles vaudront mieux que les vôtres. » (*Ibid.* t. V. Série **2**. Petitot.)

Sully fait remarquer au roi qu'il faut laisser à chaque pays ses productions ; que la soie appartient aux pays méridionaux, que la France est, avant tout, un peuple d'agriculteurs, « ce qui convient beaucoup mieux, dit-il, que toutes les soyes et manufactures d'icelles qui viennent en Sicile, en Espagne, en Italie ; et tant s'en faut que l'établissement de ces rares et riches étoffes et denrées accommode vos peuples et enrichisse vostre État, mais qu'elles le jetteroient dans le luxe, la volupté et l'excessive dépense qui ont toujours esté les principales causes de la rûyne des royaumes et républiques, etc. » (*Ibid.*)

Ces observations ne firent sans doute pas impression sur l'esprit de Henri IV, car il passa outre.

sont toujours sur leurs premières plaintes s'ils n'en sont
payez. C'est pourquoy je vous fais ce mot pour vous dire
que j'ay un extrême désir de les conserver, et pour ce que
cela despend du tout du payement de ladite somme, vous
les en ferez incontinent dresser, en sorte qu'ils n'ayent
plus de sujet de retourner à moy ; car, autrement, je con-
sidère bien qu'ils ne pourroient pas subsister, et que, par
leur ruine, je perdrois tout ce que j'ay fait jusques à maintenant pour les attirer icy et les y conserver. Faites-les
donc payer puisque c'est ma volonté, et sur ce, Dieu vous
ait, mon amy, en sa sainte et digne garde.

« Ce quinzième mars, à Chantilly.

« HENRY. »

Henri Lerambert, chargé, comme sous Henri III, de
faire les cartons de tapisseries du roi, étant mort vers
cette époque, Henri IV ordonna une sorte de concours
entre les peintres qui se présentèrent pour lui succéder :

« Aujourd'huy deuxiesme jour de janvier mil six cens dix,
le roy estant à Paris, mémoratif qu'après le décès de Henry
Lerambert, son peintre ordinaire, particulièrement ordonné
pour travailler aux patrons des tapisseries que Sa Majesté
fait faire des œuvres de haute lisse et la Marche, plusieurs
peintres s'estant presentez à Sadicte Majesté pour être nommez
en la place dudict Lerambert, elle aurait commandé au sieur
de Fourcy, intendant et ordonnateur de ses bastiments, de
faire reconnoistre quel desdits peintres seroit plus capable de
luy faire service et pour leur donner à chacun un desseing
pour travailler en particulier, pour iceux desseins achevez,
par chacun desdicts peintres, les faire juger par maistres
experts ; à quoy satisfaisant Guillaume Dumée, Laurent
Guyot, Gabriel Honnet et de Hery, peintres, auroient pour
dessein, chacun au sujet de l'histoire du pasteur fidelle,
qu'ils auroient faits, iceux mis en tableaux, et depuis presentez à quelques peintres et sculpteurs choisis et esleus pour

en faire le jugement; ceux faicts par lesdicts Dumée et Guyot auroient esté trouvez les meilleurs, et sur iceux considéré qu'ils estoient plus capables pour servir Sa Majesté au faict desdicts patrons, de quoy ayant esté faict rapport à Sadicte Majesté, pour bonnes considérations, a voulu et ordonné que lesdicts Dumée et Guyot soyent et demeurent ses peintres ordinaires, comme, à cet effect, elle les a retenu et retient, pour en jouir doresnavant, aux charges qui en suivent, a sçavoir que les six cens livres de gages que ledict feu Lerambert avoit, pour sadicte charge, et les trois cens livres aussy de gages dont jouit ledict Dumée, pour entretien de peintures du chasteau de Saint-Germain-en-Laye, faisant en tout neuf cens livres, seront mis en commun, et auront chacun desdicts Dumée et Guyot quatre cens cinquante livres de gages par chacun an..... »

Il faut croire que ces peintres se piquèrent d'émulation, car la tenture du Pasteur fidèle fut par eux portée à *vingt-six pièces* n'ayant pas moins de cent sept aunes de cours sur quatre aunes de haut.

Il y avait aussi, d'après les dessins de Guyot :

« Une tenture représentant *le vol du Héron*, autrement, les chasses de François Ier, avec les armes de France et de Navarre et cette devise : *Erit hæc quoque cognita monstris* ; cette tenture était en huit pièces de vingt-six aunes de cours sur trois aunes un quart de haut.

« Les nopces de Gombault et Macée, de vingt-trois aunes de cours, en sept pièces, sur trois aunes un six de haut. »

On doit encore à Henri IV la création d'un atelier de tapis, dits à la façon de Perse ou de Turquie, point de départ du célèbre établissement de la Savonnerie. En 1601, sur la proposition de son *varlet de chambre*, Barthélemy de Laffemas (1), homme très-zélé pour le bien public, le

(1) Il reçut du roi, le 15 novembre 1602, « l'estat du contrôleur général du commerce du royaume, le roy désirant recognoistre les

roi institua « une commission consultative sur le faict du commerce général et de l'établissement des manufactures dans le royaume. » Cette commission se livra à des enquêtes multipliées sur diverses industries dont elle fit comparaître devant elle les principaux chefs (1), et proposa au roi des mesures importantes qui furent en partie réalisées : elle tint sa dernière séance le 22 octobre 1604. L'un des plus complets documents émanés de ses délibérations est le projet d'ordonnance soumis à Henri IV pour l'établissement d'une fabrique de tapis de Turquie, dont un nommé Jean Fortier aurait été directeur.

Du vendredi 23 juillet 1604 : « ... Sur la proposition faite par Jehan Fortier aux commissaires députtez par le roy, sur le fait du commerce, pour establir en cette ville de Paris et aultres de ce royaume la manufacture des tapis de Turquie, quérins (*cairins*, du Caire en Égypte), persiens et aultres *de nouvelle invention*, embelliz de diverses figures d'animaux et personnaiges jusques ici incogneues, sur laquelle, advant que passer oultre audit establissement, aurait, par lesdits commissaires, esté ordonné qu'il feroit des espreuves de son art et expérience ; veu lesdites espreuves et patrons par luy faits desdicts tapiz

longs services faits par ledit Laffemas depuis quarante ans. » (Lettres patentes du 15 novembre 1602.)

(1) Délibération du mardi 25 mai 1604. « Sur le rapport que l'huissier a fait que les maistres tapissiers flamans ne vouloient se représenter en la compagnie, a esté ordonné qu'itératifvement commandement leur seroit fait à peyne de vingt livres parisis d'amende, à faute de comparoir. »

Du vendredi 29 mai 1604. « Le maistre tapissier des tapisseries, façon de Flandres, s'estant présenté et ayant recongnu qu'il lui estoit nécessaire de prendre des apprentis françois mesme pour son profit particulier, et que recongnoissant que telle estoit la volonté du roy, il les accepteroit plus volontiers, encore que ses priviléges ne l'avoient aucunement astreint, laquelle volonté on l'a semond d'exécuter et mettre à effet. »

tant de la façon ordinaire qu'aultres de la nouvelle invention, présentez à Sa Majesté qui les a eu agréables...

« ... Lesdits commissaires (ayant égard à l'utilité que la France pourra recevoir de ceste industrie, tant à l'espargne des deniers qui se transportent aux pays étrangers pour l'achapt des tapis de ces sortes et espèces, que pour l'occupation du peuple qui pourra y être employé) sont d'avis, sous le bon plaisir de Sa Majesté et de messieurs de son conseil, qu'il est expédient d'admettre et retenir ledit Fortier pour establir en ceste ville de Paris ladite manufacture des tapis de Turquie, quérins et persiens, ensemble des aultres de nouvelle invention et jusques à présent incogneue aux peuples et ouvriers du Levant, afin de les pouvoir rendre à leurs perfections par l'apprest nécessaire des estoffes, luy permettre de faire teindre, filler et tondre laynes et soyes, en la façon et selon qu'il jugera estre requis pour employer esdites manufactures.

« Pour favoriser son industrie et luy donner moyen d'en faire establissement, Sa Majesté sera suppliée luy donner la somme de trois mille livres ou telle aultre somme qui luy plaira pour achepter les matières, faire faire et dresser les métiers nécessaires, et le faire pourvoir de logis propres et commodes pour ladite manufacture, gratuitement pour le terme de six ans, ou jusques à ce qu'il plaise à Sa Majesté le loger avec les aultres ouvriers des plus exquises manufactures, au lieu qu'elle leur a destiné ; au nombre desquels elle ordonnera si luy plaist, qu'il soit dès à présent receu sous le nom et qualité de tapissier ordinaire de Sa Majesté en tapis de Turquie et façon du Levant... etc., etc. (1). »

Suivent quelques propositions pour la protection de cette nouvelle industrie, pour les apprentis que « ledit Fortier sera tenu de prendre en France et non estrangers, etc., etc. ; » puis une addition, postérieure de quelques années, ainsi conçue : « Depuis, sur la requeste faite par ledit Fortier, messieurs ont ordonné qu'audit advis seroient adjoutez ses noms comme premier et inventeur de l'art de faire les tapis

(1) Extrait des documents inédits publiés par M. Champollion-Figeac.

façon de Turquie à fond d'or, soye et laine, en ce royaume et le premier qui s'est présenté pour establir l'art des tapis, ainsi qu'il est porté en l'article du 17 août 1607, folio 18 du troisième registre. »

Ces propositions si bien motivées paraissent ne pas avoir eu d'effet ; car, en 1604, ce n'est pas Jean Fortier, mais bien Pierre du Pont, autre tapissier en tapis, façon du Levant, qu'on voit établi dans les galeries du Louvre (1), ainsi qu'il le raconte lui-même :

« ..... Le roi, peu de jours après, allant voir les peintures de sa gallerie et de sa salle des antiques que feu M. Bunel, son peintre, faisoit alors, vit un fond de chaire faict d'ouvrage de Turquie, que ledit du Pont y avait laissé, et, se ressouvenant de ce que feue Mme de Châteauneuf en avoit rapporté à la royne, commanda à feu M. de Fourcy, surintendant de ses bastiments et manufactures, de faire venir ledit du Pont en sa présence, ce qu'il fit le lendemain en la gallerie haute.

(1) Le brevet de logement en la galerie du Louvre de Pierre du Pont ne lui a été délivré que quatre ans après son installation dans cette galerie : « Aujourdhuy quatrième janvier mil six cent huit, le roy estant à Paris, ayant résolu de retirer en ses logis et boutiques qui sont au dessous de la grande gallerie de son chasteau du Louvre aucuns ouvriers des plus rares et excellens ès arts et mestiers plus agréables à Sa Majesté, avertie de la suffisance et capacité de Pierre du Pont son tapissier ordinaire en tapis de Turquie et façon du Levant, et ayant résolu de s'en servir, mesme le loger près Sa dicte Majesté, pour aux occasions qui s'offriront, l'avoir plus près d'elle et en tirer service, Sadite Majesté luy a accordé l'un desdits logis avec une grande boutique à costé dudict logis pour y faire sa demeure ordinaire et y dresser ses mestiers, pour travailler esdicts ouvrages. A cette fin veult et ordonne aux intendans et ordonnateurs de ses bastiments marquer audit du Pont l'un desdicts logis convenables pour s'y habituer et travailler en vertu du présent brevet que Sa Majesté a voulu signer de sa main et fait contresigner par moy son conseiller et secretaire de ces commandements. Signe HENRY.
    Et plus bas : De LOMENIE.

« Venu donc ledit du Pont, il présenta à Sa Majesté un quarreau faict de soye et or, avec une chaire faicte de laine dudit ouvrage de Turquie, que Sa Majesté eut très-agréable, et commanda sur l'heure audit sieur de Fourcy de faire bastir un des logis de dessous sa gallerie avec un attelier à costé pour ledit du Pont, pour estre comme une pépinière d'ouvriers de ladite manufacture ; ce fut en l'an 1604. Auquel lieu il a toujours fait sa demeure depuis le temps, et y a instruit plusieurs apprentifs suivant le commandement qu'il en avait receu de Sa Majesté, ainsi qu'il faict encore à présent.

« Or le feu roy venant un jour veoir un emmeublement qui se faisoit alors pour son service, qui estoit d'or et de soye, et qui est aujourdhuy dans l'hostel du Luxembourg : promit, en la présence de beaucoup de seigneurs, d'establir ladite manufacture pour toute la France, ainsi qu'il avoit fait celle des tapisseries de Flandres, de l'or de Milan, des stoffes de drap d'or et de soye et d'aultres : afin (comme il disoit) d'empêcher le transport de l'or et de l'argent qui se faict hors du pays, par le traffic continuel desdites estoffes, et, par ainsi, enrichir la patrie et faire travailler une infinité de fainéans et de vagabonds.

« Mais la mort funeste de ce grand monarque ayant donné fin à ses braves et généreux desseins, arresta par mesme moyen ledit du Pont en ses entreprises : toutefois sachant que les roys ne meurent point, il s'adressa au roy à présent régnant (Louis XIII), en l'année 1626, venant veoir les ouvrages qui se faisoient pour Sa Majesté, et luy fit entendre quelle avoit été la délibération du feu roy pour l'establissement de ladicte manufacture, lui en proposant les moyens faciles, par la méthode d'enseigner audit art les enfans qui demeuroient dans les hôpitaux, et les filles pareillement en plusieurs autres ouvrages, ce que ledit du Pont promettoit et promet encore de faire.

« Auquel Sa Majesté commanda d'en adresser la requeste à son conseil affin d'y estre meurement pourveu. Ce qu'ayant délibéré faire ledit du Pont, et jugeant qu'il ne pourroit exécuter lui seul une charge si onéreuse, n'ayant encore aucun de ses enfans en aage compétent pour lui ayder : s'associa un, qui avait esté son apprentif, nommé Lourdet, avec lequel et conjointement il présenta ladicte requeste au conseil.

« Et pour parvenir à cet effect, lesdicts du Pont et Lourdet allèrent trouver M. de Fourcy, qui avoit la charge de feu son père, lequel les présenta à M. Aubery, conseiller d'Estat, avec ladicte requeste, pour en faire son rapport audit conseil : ce qu'il fit et a faict depuis avec tant de probité et d'équité… qu'il en a obtenu les articles et arrests suivans par sa seule diligence, ainsi qu'ils se peuvent ici veoir, avec la suite d'une infinité de traverses qu'ils ont rencontrés en quelques endroits. » (*Stromatourgie*, ch. IV.)

L'arrêt du conseil royal dont parle Pierre du Pont est daté du 17 avril 1627 et porte que « le roy, en son conseil, a accordé audit Pierre du Pont et Simon Lourdet la fabrique et manufacture de toutes sortes de tapis, aultres ameublements et ouvrages du Levant, en or, argent, soye, laine, pour dix-huit années, à commencer du premier jour de juillet 1627, aux clauses et conditions suivantes :

« Dans toutes les villes du royaume où les entrepreneurs s'établiront, ils seront tenus d'instruire, dans leur art, un certain nombre d'enfans pauvres à eux confiés par les administrateurs des hôpitaux. Ces enfans, au nombre de cent, pour la ville de Paris, seront logés dans la maison de la Savonnerie, près Chaillot, entretenus des deniers donnés par le roy pour les pauvres, et, au besoin, sur les revenus des hôpitaux. Leur apprentissage durera six ans ; ils jouiront, à son expiration, du droit de maîtrise sans être astreints à faire chef-d'œuvre et à payer un droit, mais à la charge par eux de se présenter devant le procureur du roy des lieux où ils auront fait leur apprentissage, pour prêter entre ses mains le serment dudit mestier, le tout sans frais. Inhibitions et défenses sont faites à toutes personnes, de quelque qualité qu'elles soient, de retirer aucun des apprentis pour les faire travailler en leurs maisons ou les admettre à leur service sans le consentement des entrepreneurs, et ce à peine de cinq livres d'amende.

« Les entrepreneurs auront, dans la maison de la Savonnerie, leur logement et tous les locaux nécessaires à la manufacture; ils recevront de plus chacun une pension de quinze cents livres par an pour les indemniser des pertes de temps et de matières premières occasionnées par les apprentis non instruits en leur art.

« Permission aux entrepreneurs de faire venir et ouvrer toutes les *estoffes* nécessaires à leur fabrication, sans estre astreints à visite de la part des maîtres jurés des mestiers où se fabriquent lesdites estoffes et sans être empêchés par eux.

« Pendant toute la durée du privilége qui leur est accordé, nul ne pourra, sans leur permission, dresser des mestiers de ladite manufacture, en quelque lieu du royaume que ce soit, à peine de confiscation des mestiers, ouvrages et ustensiles applicables auxdits entrepreneurs.

« En faveur duquel establissement et en considération de l'invention de ladite manufacture que ledit du Pont a introduit en ce royaume et de la grande assiduité et diligence que le sieur Lourdet a déjà apporté pour instruire nombre d'enfans audict art, Sa Majesté a déclaré lesdits du Pont et Lourdet nobles, domestiques et commensaux de sa maison, ainsi que leurs enfants nés ou à naître en loyal mariage, qui entretiendront ledit art et manufacture. Ils jouiront, en cette qualité, de toutes exemptions, franchises, libertés, immunités, priviléges, de la mesme manière que jouissent les autres nobles, sans qu'on puisse, à eux ou à leur postérité, imputer le trafic qu'ils feront des marchandises procédans de leur manufacture, pour actes dérogeant à noblesse....

« Veult et ordonne Sadite Majesté que le sieur de Fourcy, surintendant des bastimens et manufactures de Sa Majesté, ayt l'œil et regard à l'establissement desdites manufactures, et qu'il y apporte le soin et la diligence requis pour la protection et manutention d'icelle, ainsi qu'il a fait par le passé et aux manufactures establies par Sadite Majesté en ce royaume (1).

« Signé DE MARILLAC, D'EFFIAT, AUBRY,
« DE MESMES, FOUQUET, VIGNIER. »

(1) L'établissement de la manufacture de tapis, dans la maison de la Savonnerie, a précédé l'arrêt dont l'analyse est ci-dessus.

Sur la porte de la chapelle de la Savonnerie se lisait l'inscription suivante : LA TRÈS-AUGUSTE MARIE DE MÉDICIS, MÈRE DU ROI LOUIS XIII, POUR AVOIR, PAR SA CHARITABLE MUNIFICENCE, DES COURONNES AU CIEL COMME EN LA TERRE, PAR SES MÉRITES, A ESTABLI CE LIEU DE CHARITÉ, POUR Y ESTRE RECEUS, ALIMENTÉS, ENTRETENUS ET INSTRUICTZ LES ENFANS TIREZ DES HOSPITAUX DES PAUVRES ENFERMEZ, LE TOUT A LA GLOIRE DE DIEU, L'AN DE GRACE 1615 (1).

M. de Fourcy, dans son avis préalable du 3 mars 1627 sur cet établissement, s'exprime ainsi : « ... Avons trouvé que l'exposé au commencement de ladicte requeste par eux (P. du Pont et Lourdet) contient vérité... en ce que ledit Lourdet se reconnoist avoir été institué et nourry audict art, par ledict du Pont, aux dépens de Sadicte Majesté, sous les ordonnances de deffunct M. de Fourcy nostre père et prédecesseur en notre dicte charge ; *auquel il auroist si bien réussi que ce qu'il a commencé d'establir en la Savonnerie, prez Chaillot, est une preuve très asseurée du fruict que l'on doit attendre de leur entreprise, qui favorisée,* autant qu'elle le mérite, retiendra grande quantité d'or et d'argent en ce royaume et donnera à un million de personnes le moyen de gagner leur vie commodément... »

Et dans un certificat du 1er décembre 1730, délivré à Simon Lourdet au sujet de l'élargissement de la Savonnerie :

« Nous, Henry de Fourcy, seigneur de Chessy, conseiller du Roy, etc.

« Certifions, qu'en l'année *mille six cent vingt six,* du département de Sa Majesté, pour le voyage de Bretagne, nous avons receu commandement de Sadicte Majesté, par M. le comte de Schombert, de faire deslivrer lieux suffisans et spacieux, pour l'élargissement de Simon Lourdet, tapissier, en tapis de Turquie, *y demeurant, outre ce qu'il possedoit, tant pour soi loger, que pour mettre des mestiers, en plus grande quantité,* pour l'instruction de la pauvre jeunesse, ce qui n'ayant pu réussir sans diminuer le logement des pauvres retirés audit lieu, Sa Majesté désirant que ledit Lourdet fut accommodé de logement, elle auroit ordonné fonds, pour luy bastir une salle ouvrant sur les cours, avec un petit logement au-dessus, lequel dict bastiment a esté construit en cette année dernière 1630... »

(1) Félibien, *Histoire de Paris* ; Préf.

Les engagements pris envers les entrepreneurs ne paraissent pas avoir été très-exactement tenus; car, après la mort de du Pont (1), on voit, en 1643, le sieur Lourdet se plaindre de ce qu'on a logé dans la maison de la Savonnerie de petits enfants inutiles à la manufacture, à cause de leur âge.

« On y a establi, dit-il, des écoles, des tisserands et aultres mestiers différens de la manufacture, qui occupent une bonne partie des lieux qui lui seroient nécessaires, sans lesquels il ne peut dresser tous ses mestiers, faire teindre les laines, préparer les autres choses nécessaires audict art et perfectionner les enfans qu'il instruit. De plus on a débauché avant la fin de leur apprentissage quantité de ses apprentis et des mieux instruits. Ceux qui ont cherché à ruiner son dessein les ont envoyés travailler en Angleterre, où retirés dans leurs maisons, et d'autres s'en sont *fuilz* sans que ledit Lourdet en ait pu tirer raison; il supplie donc très-humblement Sa Majesté de remédier, par son autorité, aux contraventions

(1) Le dernier acte, à notre connaissance, concernant Pierre du Pont est celui que M. Ph. de Chennevières a inséré dans son excellent recueil : *Archives de l'art français*, p. 207, t. I. Cet acte, du dernier septembre 1637, décharge Pierre du Pont de l'obligation que lui avait imposé un arrêt de la chambre des comptes de faire sa résidence dans la maison de la Savonnerie. « ... Veut et entend Sadite Majesté qu'il continue et fasse sa demeure actuelle en ladite gallerie (du Louvre), où il est logé, pour luy rendre et continuer ses services en sondit art et instruire les apprentis en iceluy, ainsy qu'il a cy-devant fait, le dispensant, à cette fin, de faire sa résidence ailleurs. Et pour le récompenser des grandes pertes et travaux par luy faits et soufferts pour raison dudit établissement et manufacture, et luy donner moyen de vivre et le soulager en sa vieillesse, elle luy a aussy accordé qu'il jouisse de la pension de quinze cens livres chacun an qu'elle luy a cy-devant octroyée... et que ladite pension soit continuée pour autres vingt années consécutives, à commencer dudit jour 17 avril 1639... et, en outre, que sa veuve et Louis du Pont son fils continuant, après son decedz ladite manufacture, soient conservez et maintenus en leur logement et astelier en icelle gallerie, et qu'ils jouissent de mesmes privilèges et exemptions... etc. »

et inconvenients susdits, et de lui accorder pour dix-huit aultres années la continuation de son privilége, afin qu'il puisse commodément establir pour tout le royaume ladicte manufacture et mettre ses ouvrages en la recommandation qu'ils méritent; — ce qui fut accordé par lettres patentes datées de Saint-Germain en Laye, le vingt-cinquième jour de mars 1643. »

Des travaux exécutés à cette époque et pendant le séjour de Pierre du Pont au Louvre, il reste à peine quelque trace; nous ne pouvons cependant nous dispenser de faire mention d'un immense tapis de pied, en quatre-vingt-douze pièces, commencé par lui, pour la grande galerie du Louvre; la première pièce est :

« Un grand tapis à fond brun sur lequel il y a un grand compartiment fond blanc, orné des armes de France et de Navarre, dans le milieu un rond bleu avec un soleil, long de sept aunes et demie sur sept aunes de large. »

La deuxième pièce : « un grand tapis fond brun représentant un griffon sur un écu rempli de trophées d'armes, rainceaux, cornes d'abondance et festons de fleurs, avec deux paysages aux deux bouts, long de sept aunes et demie sur cinq aunes un tiers de large. »

La troisième pièce : « un tapis fond brun sur lequel il y a un compartiment octogone manière d'étoile, fond blanc, au milieu un soleil environné de quatre écus de France et quatre de Navarre, long de sept aunes et demie sur quatre aunes un quart de large.

. . . .

La septième pièce : « un tapis fond brun représentant un compartiment, fond blanc où il y a quatre lyres, aux quatre coins des trophées d'armes, aux costez la devise et les chiffres du roy et, aux deux bouts, deux bas-reliefs en grisailles, long de sept aunes et demy sur quatre aunes un tiers de large.

. . . .

La dixième pièce : « un tapis fond brun sur lequel il y a un grand compartiment fond blanc, ayant un trophée d'armes à chacun des quatre coins, et aux cotez, des testes d'Hercules et des mufles de lions, au milieu un octogone couleur de rose seiche remply d'un entrelas d'LL couronnées, et deux paysages aux deux bouts, dans des ovales, long de sept aunes et demie et large de cinq aunes trois seizièmes.

La vingtième pièce : « un tapis fond brun, sur lequel il y a un grand compartiment fond colombin qui en enferme un autre fond blanc, aux quatre cotez duquel il y a quatre trophées d'armes couronnés de festons et de fleurs et quatre testes de satyres et, au milieu, une teste d'Apollon dans une guirlande de fleurs, couronnées de palmes, de couronnes et de carquois, et aux extremitez dudit tapis deux tableaux octogones, en longueur, représentant des paysages, long de sept aunes et demie sur cinq aunes un tiers de large. »

Sur d'autres pièces sont représentés, en relief, la Musique, l'Astrologie, Mars, Minerve et l'Abondance....

La manufacture de tapisseries, *façon de Flandres*, après avoir occupé divers lieux (1) dans la ville de Paris, fut transférée, en 1630, dans la maison des Gobelins, ainsi qu'il résulte du procès-verbal du surintendant des bâtiments, de Fourcy, « sur la reception et installation

____

(1) « Les articles accordez par le roy, en son conseil, à Marc de Comans et à François de la Planche... pour la continuation de ladite manufacture, le 3 febvrier 1625, » portent ce qui suit.....

« ... Seront logez, en cette ville et faubourgs de cette ville de Paris, eux et toutes leurs familles et ouvriers, *en tel lieu et endroitz qu'ilz adviseront plus commodes,* et pour leur donner moyen de *payer leurs louages,* Sa Majesté leur accorde la somme de *sept mil cinq cens livres...* à la charge d'entretenir par eux les quatre vingt mestiers portez par ledict edict, fournir d'ouvriers nécessaires, lesquelz ilz seront tenuz de loger moiennant la susdite somme, sans qu'ilz puissent prétendre davantage.

« Les maisons qui seront occupées par lesdilz de Comans et de la Planche, pour leurs logements et des ouvriers nécessaires à ladicte fabrique ne pourront estre marquées pour le régiment des gardes et autres gens de guerre, faisant deffenses aux maréchaux des logis, officiers dudict régiment, et tous autres, de les prendre ny marquer. »

par luy faicte en ladite maison des personnes des sieurs
de la Planche et de Comans, pour exercer conjoinctement
la direction desdites manufactures, des 20 juin et 2
juillet 1630.... » Mais les sieurs Charles de Comans et
Raphaël de la Planche (1), enfants des premiers directeurs, ne purent vivre en paix : un arrêt du conseil, du
30 juillet 1633, leur permet « d'exercer, à l'advenir,
séparément et en divers lieux, boutiques et magasins,
chascun à son proffit particulier, et sans qu'ilz soyent
responsables l'un de l'autre, les manufactures desdites
tapisseries, pour le temps qui reste à expirer des dix huit
années du traité faict avec leurs pères..... »

Charles de Comans (2) demeura aux Gobelins, et Raphaël
de la Planche (3) s'établit au faubourg Saint-Germain,
dans la rue qui a conservé son nom jusqu'à ces dernières
années.

---

(1) Raphaël de la Planche avait été nommé directeur, après la
demission de son père, par lettres patentes de 27 décembre 1629.

(2) Charles de Comans, pourvu régulièrement de son emploi en
mai 1634, n'en jouit plus que quelques mois ; il mourut au mois de
décembre de la même année, et fut remplacé par son frère Alexandre
de Comans.

(3) Raphaël de la Planche, trésorier des bâtiments du roi, sous
Louis XIII et Louis XIV, conserva néanmoins son emploi de directeur
de la manufacture des tapisseries du faubourg Saint-Germain,
jusqu'à la fondation de la manufacture des meubles de la couronne. « ... Ayant ledist de la Planche faict son establissement au
faubourg Saint-Germain, il auroit, depuis, desiré, pour les grands
frais qu'il y supporte, quitter la direction et traiter d'une des charges
de trésoriers de nos bastiments, duquel office nous ayant demandé
les provisions, nous n'aurions voulu les faire expédier qu'à condition qu'il continueroit ladicte direction; à quoy l'aurions obligé par
la clause y insérée, ce qui nous a convié de lui faire expédier ces
présentes lettres de continuation pour l'exécution entière de notre
volonté... » (Lettres pat. du 19 mars 1640, portant continuation
pour neuf années du privilége du sieur Raphaël de la Planche.)

La maison des Gobelins comptait alors environ deux siècles de célébrité industrielle : la famille qui a donné son nom à cet hôtel, à une partie de la Bièvre et à plusieurs voies de communication du voisinage, était originaire de Reims ; dès le xve siècle, elle s'établissait au faubourg Saint-Marcel et y exerçait la profession de teinturier. Gilles Gobelin, l'un de ses membres, s'enrichit, en peu de temps, par cette industrie, dans laquelle il excellait, et acquit de grandes propriétés sur les bords de la Bièvre, dont les eaux étaient alors très-bonnes pour la teinture. Son fils, Philibert Gobelin et ses petits-enfants, augmentèrent cette fortune, de telle sorte qu'à la troisième ou quatrième génération, la famille crut devoir renoncer à son ancienne profession et acheter des titres et des emplois (1). Aux Gobelins succéda la famille Canaye (2), qui, ne se bornant pas à teindre, fabriqua, dit-on, de la tapisserie de haute-lisse ; ce fut sans doute

---

(1) En 1544, on trouve un Jacques Gobelin, correcteur des comptes ; puis un Balthasar Gobelin, trésorier de l'épargne, dont la fille Claude épousa, en 1594, Raymond Phélippeaux, président au parlement. Le monastère des Feuillantines (rue Saint-Jacques) reconnaissait pour principale fondatrice, Anne Gobelin, femme de Charles d'Estourmel, chevalier, seigneur de Plainville, gouverneur de Corbie. « Le lundi 23 août 1603, mourut à Paris, Mme Gobelin, femme du trésorier de l'épargne, malade dès longtemps..., elle n'avait encore cinquante ans et eut grand regret à la mort, comme ont ordinairement ceux et celles qui jouissent à leur aise des biens, honneurs et commoditez de cette vie, auxquels la mort ne peut estre qu'amère. » (L'Estoille, *Journal du règne de Henry IV.*) « En ce mois (novembre 1607), sont morts, à Paris, M. de Venan, maistre des comptes et Mme Gobelin sa femme. » (*Ibid.*)

(2) Cette famille fut remplacée, en 1655, par un Hollandais nommé Gluck, qui apporta en France le procédé de la teinture écarlate dit *à la mode hollandaise*, et obtint de Louis XIV la concession de quelques priviléges. Il s'associa à une famille du nom de Julienne dont le dernier membre, connu par son goût pour les arts, faisait partie,

(ici nous sommes réduits aux conjectures...), par association avec Alexandre de Comans, ou avec Jans, habile
maître tapissier flamand, venu d'Oudenarde, en 1650,
avec bon nombre d'ouvriers, ses compatriotes.

Jans ne tarda pas à recevoir le brevet de tapissier du
roi :

« ... Pour le bon et louable rapport qui nous a été fait de la
personne de nostre cher et bien-aimé Jean Jans, et... pour les
bons services qu'il nous a cy devant rendus et rend journellement, en nos tapisseries et autres meubles de nostre couronne; pour ces causes et autres à ce nous mouvans, avons
ce jourdhuy retenu et retenons, par ces présentes signées de
nostre main, en l'estat et charge de l'un de nos tapissiers,
pour doresnavant, nous y servir, ledit estat et charge exercer,
jouir et user doresnavant, aux honneurs, autoritez, préroga-
tives... et esmolumens accoutumez, et qui y appartiennent,
tant qu'il nous plaira... (1). »

Nous trouvons, à une date un peu antérieure, un
brevet de même nature en faveur de Pierre Lefebvre,
maître tapissier, appelé d'Italie par Louis XIV, en 1648.
Lefebvre appartenait à une famille d'origine française
anciennement établie à Florence; il fut logé avec son fils
sous la grande galerie du Louvre, dans l'appartement
vacant par le décès de Nicolas Lafage, célèbre brodeur.

comme *conseiller honoraire amateur*, de l'académie de peinture, où
il avait été reçu en 1740.

La fabrique Gluck et Julienne (de draps et de teinture) a subsisté,
jusques au commencement du siècle, sur une partie de l'emplacement dépendant autrefois de la famille Gobelin, emplacement
aujourdhuy occupé par une tannerie.

(1) Lettre de provision de maistre tapissier du roy pour J. Jans,
du 20 septembre 1654.

(2) Nomination de Pierre Lefebvre, comme maistre tapissier du
roy, du 13 septembre 1642.

« ...Pierre et Jean Lefebvre, père et fils, excellens tapissiers hautelissiers ont faits et continuent journellement de faire, tant pour Sa Majesté, que pour les particuliers, des ouvrages de tapisserie dont S. M. est entièrement satisfaite... mais d'autant que pour la fabrique et manufacture desdites tapisseries, il leur est nécessaire d'avoir une grande bouticque et attelier pour dresser leurs mestiers, la petite gallerie couverte en terrasse qui estoit le long du petit jardin du Louvre, dans laquelle ils faisoient lesdits ouvrages, ayant esté desmolie, pour faire une terrasse descouverte, Sa Majesté mande au surintendant et intendant de ses bastimens, tapisseries et manufactures, de faire incessamment construire dans la place vuide qui reste, depuis et joignant le magazin des bois de Sa Majesté, au jardin des Thuilleries, le long du quay tirant vers le gros pavillon du bout de ladite gallerie du Louvre, une grande bouticque et attelier de longueur de onze toises dans œuvre, d'y establir aussitost lesdicts Pierre et Jean Lefebvre, et les en faire jouir en vertu du present brevet, tout ainsy que jouissent les autres tapissiers hautelissiers de leurs atteliers et bouticques dans ladite gallerie du Louvre... (1). »

Le temps était venu où ces ateliers de tapisseries de haute et basse lisse du roi, disséminés dans la galerie du Louvre, dans le jardin des Tuileries, aux Gobelins, au faubourg Saint-Germain, allaient se grouper sous une nouvelle direction... Mais ici se termine, pour les manufactures royales de tapisserie, la première époque, l'une des plus intéressantes sous le rapport de l'art, celle que nous appelons de la *tapisserie industrielle* : jusqu'alors le tapissier, livré à lui-même dans l'exécution de ses travaux, comme ses confrères des autres métiers installés au Louvre, avait conservé ses procédés industriels et imprimé son cachet propre aux produits de cet art ; il suffit, pour s'en convaincre, d'examiner ce qui reste des

(1) Brevet de logement dans les galeries du Louvre en faveur de P. et J. Lefebvre, du 20 avril 1656.

tentures de cette époque au garde-meuble de la couronne et dans divers dépôts privés : sous le rapport du
modèle et du coloris, elles ont une physiononie uniforme, quelles qu'aient été d'ailleurs les qualités des modèles, physionomie et uniformité auxquelles le temps a
lui-même contribué ; son action, en détruisant l'éclat trop
ardent des couleurs premières, n'a pu néanmoins leur
donner l'harmonie que ne comportait pas alors l'art du
tapissier, borné à l'emploi d'un petit nombre de couleurs
franches. Les défauts, les qualités mêmes de ce genre de
travail, s'atténuent par degrés dans les époques suivantes, puis disparaissent, pour faire place à un art en
quelque sorte nouveau, sous l'influence des premiers
peintres de l'école française, substituée définitivement
par Louis XIV et Colbert, dans la direction des travaux
de tapisserie, à celle des maîtres tapissiers, qui furent
alors réduits au rôle secondaire d'entrepreneurs et de
chefs d'atelier.

Parmi les tentures, autrefois très-nombreuses, de la
première moitié du xviie siècle, propres à justifier ces
observations, par leur comparaison avec celles des âges
suivants, nous nous bornons à citer :

L'histoire d'Artémise, ou l'éducation d'un jeune roi sous
les yeux de la reine sa mère, exécutée au Louvre, par
ordre de Marie de Médicis, sur les dessins d'*Antoine Caron*,
en huit pièces, de quarante-deux aunes de cours sur quatre
aunes de haut (1).

(1) Le recueil précité des dessins d'Houël (pag. 25) a fourni les
éléments de cette composition, sauf les modifications nécessaires
pour approprier à Marie de Médicis partie de l'histoire de Mausole
et d'Artémise; c'est ce qui explique comment, dans les inventaires
de la couronne, des tentures d'Artémise sont attribuées à *Henry
Lerambert* et d'autres à *Antoine Caron*. Nous devons, au surplus, à

Les amours de Renaud et Armide, d'après les dessins de *Vouël*, de vingt-deux aunes et demie de cours, en sept pièces, sur trois aunes un huitième de haut.

Paysage et verdure *à bestions*, d'après les dessins de *Fouquières*, en six pièces, de quatorze aunes et demie de cours sur deux aunes de haut.

Les sacrements, en dix pièces, de trente-cinq aunes et demi de cours sur trois aunes trois quarts de haut (1).

Jeux d'enfants, d'après le dessin de Corneille (2), en six pièces, de dix-neuf aunes de cours sur deux aunes trois quarts de haut.

Quelques histoires tirées de l'ancien et du nouveau Testament, d'après le même peintre, en cinq pièces, de seize aunes un tiers de cours sur deux aunes et demi de haut.

l'extrême obligeance de M. Anatole de Montaiglon, communication de trois dessins de la collection du Louvre, de la main d'Antoine Caron, qui semblent faire suite à ceux du recueil d'Houël et qui décèlent à peu près le même faire, ce qui n'a rien de contradictoire avec ce que dit Houël dans son épître dédicatoire à Catherine de Médicis, *qu'il avait fait faire les dessins par les plus habiles peintres français et étrangers.*

(1) L'inventaire de M. Tourolles, garde des meubles de la Couronne de Versailles, en mars 1692, qui nous fournit ce document, ne donne pas le nom de l'auteur des cartons de cette tenture ; mais nous croyons qu'ils appartiennent à Nicolas Poussin qui, en 1640, fut chargé de ces travaux et de beaucoup d'autres... « ... Je ne saurois bien entendre ce que Monseigneur (de Noyers) désire de moi, sans grande confusion, d'autant qu'il m'est impossible de travailler en même temps à des frontispices de livres, à une vierge, au tableau de la congrégation de saint Louis, à tous les dessins de la galerie, enfin *à des tableaux pour les tapisseries royales* ; je n'ai qu'une main et une débile tête, et je ne pense être aidé ni soulagé par personne...» (Lettre du Poussin à M. de Chantelou.) Notre supposition est d'autant plus admissible que le Poussin avait été autorisé à se servir de ses compositions antérieures, et que les deux séries des sept sacrements exécutés par lui étaient alors complètes.

(2) Le père de Michel Corneille.

CHAPITRE III.

De l'établissement fait par Louis XIV aux Gobelins, en 1662, et des
travaux des manufactures royales de tapisserie et de tapis, jusqu'à
l'année 1790.

La manufacture des meubles de la couronne, l'une des
premières créations du génie organisateur de Louis XIV,
ne fut pas seulement ce qu'indique son titre, mais une véritable école artistique et industrielle; disséminés dans le
monde entier, les produits de ce célèbre établissement ont
singulièrement contribué à l'illustration nationale ; il faudrait des volumes pour nommer les artistes de tout genre
dont il a été le berceau, pour mettre au jour les travaux
sortis d'une première et féconde impulsion... Laissons le
fondateur exposer lui-même ses motifs.

« ... La manufacture des tapisseries a toujours paru d'un si
grand usage et d'une utilité si considérable, que les Estats
les plus abondants en ont perpétuellement cultivé les établis-
semens, et attiré dans leurs pays, les ouvriers les plus
habiles, par les graces qu'ils leur ont faites. En effet, le roy
Henry le Grand, notre ayeul, se voyant au milieu de la
Paix, estima n'en pouvoir mieux faire goûter les fruits à ses
peuples, qu'en rétablissant le commerce et les manufactures
que les guerres étrangères et civiles avoient presque abolies
dans le royaume, et pour l'exécution de son dessein, il aurait,
par son édit du mois de janvier 1607, établi la manufacture
de toutes sortes de tapisseries, tant dans notre bonne ville de
Paris, qu'en toutes les autres villes qui s'y trouveroient propres, et préposé à l'établissement et direction d'icelles, les
sieurs de Comans et de la Planche, auxquels, par le même
édit, l'on aurait accordé plusieurs privileges et avantages.

Mais comme ces projets se dissipent promptement, s'ils ne sont entretenus avec beaucoup de soin et d'application, et soutenus avec dépense; aussi les premiers establissements qui furent faits ayant été négligés et interrompus pendant la licence d'une longue guerre, l'affection que nous avons pour rendre le commerce et les manufactures florissantes dans nostre royaume noùs a fait donner nos premiers soins, après la conclusion de la paix générale, pour les rétablir et pour rendre les établissements plus immuables en leur fixant un lieu commode et certain, nous aurions fait acquérir de nos deniers l'hostel des Gobelins et plusieurs maisons adjacentes, fait rechercher les peintres de la plus grande réputation, des tapissiers, des sculpteurs, orphèvres, ébénistes et autres ouvriers plus habiles, en toutes sortes d'arts et mestiers, que nous y aurions logés, donné des appartemens à chacun deux et accordé des priviléges et advantages; mais d'autant que ces ouvriers augmentent chaque jour, que les ouvriers les plus excellens dans toutes sortes de manufactures conviés par les grâces que nous leur faisons y viennent donner des marques de leur industrie, et que les ouvrages qui s'y font surpassent notablement en art et en beauté ce qui vient de plus exquis des pays estrangers, aussi nous avons estimé qu'il estoit nécessaire, pour l'affermissement de ces establissemens, de leur donner une forme constante et perpétuelle et les pourvoir d'un règlement convenable à cet effect. A CES CAUSES et autres considérations, à ce nous mouvans, de l'advis de nostre conseil d'État qui a vu l'édit du mois de janvier 1607 et autres déclarations et règlemens rendus en conséquence et de nostre certaine science, pleine puissance et authorité royale, nous avons dict, statué et ordonné, disons, statuons et ordonnons ainsi qu'il en suit :

1.

« C'est à sçavoir que la manufacture des tapisseries et autres ouvrages demeurera establie dans l'hostel appelé des Gobelins, maisons et lieux et deppendances à nous appartenant, sur la principale porte duquel hostel sera posé un marbre au-dessus de nos armes dans lequel sera inscript : *Manufacture royalle des meubles de la couronne.*

2.

« Seront les manufactures et deppendances d'icelles régies et administrées par les ordres de nostre amé et féal conseiller ordinaire en nos conseils, le sieur Colbert, surintendant de nos bastimens, arts et manufactures de France et ses successeurs en ladite charge.

3.

« La conduite particulière des manufactures appartiendra au sieur le Brun, nostre premier peintre, soubs le titre de directeur, suivant les lettres que nous luy avons accordées le 8ᵉ mars 1663, etc., etc...

4.

« Le surintendant de nos bastimens et le directeur soubs lui tiendront la manufacture remplie de bons peintres, maistres tapissiers de haute lisse, orphèvres, fondeurs, graveurs lapidaires, menuisiers en ébène et en bois, teinturiers et autres bons ouvriers, en toutes sortes d'arts et mestiers qui sont establis, et que le surintendant de nos bastimens tiendra nécessaire d'y establir. »

L'article 5 prescrit le mode de paiement du personnel de la manufacture par le trésorier général des bâtiments royaux. Les articles 6, 7, 8, 9 et 10 prescrivent ce qui est nécessaire pour l'éducation et l'entretien des apprentis, qui seront au nombre de soixante, choisis par le surintendant des bâtiments et placés dans le *séminaire* du directeur.

« Ils pourront, après six années d'apprentissage et quatre années de service, estre receus maîtres, tant dans la bonne ville de Paris que dans toutes les autres du royaume, sans faire expérience ny estre tenus d'autre chose que de se présenter devant les maistres et gardes desdites marchandises, arts et mestiers... Lesdits maistres et gardes seront tenus de es recevoir, sans aucuns frais, sur le certificat du surintendant des finances. »

11.

« Les ouvriers employés dans lesdites manufactures se retireront dans les maisons les plus proches de l'hostel des Gobelins, et affin qu'ils y puissent estre, eux et leurs familles, en toute liberté, voulons et nous plaist que douze des maisons dans lesquelles ils seront demeurant soient exemptes de tout logement des officiers et soldats de nos gardes françoises et suisses, et de tous autres logemens de gens de guerre, et, à cet effect, voulons qu'il soit expédié par le secrétaire de nos commandemens, ayant le département de la guerre, des sauvegardes, sur les certificats dudit sieur surintendant de nos bastimens. »

Les articles 12, 13 et 14 confèrent aux ouvriers étrangers employés dans lesdites manufactures tous les droits des regnicoles, les exemptent de tutelles, curatelles, guet, garde de ville et autres charges publiques et personnelles.

15.

« Sera loisible au directeur des manufactures de faire dresser en des lieux propres, des brasseries de bierre pour l'usage des ouvriers, sans qu'il en puisse estre empêché par les brasseurs de bierre, ny tenu de payer aucuns droits. »

Par l'article 16, tous les procès civils que les ouvriers de la manufacture, leurs familles et domestiques, pourraient avoir, en différentes juridictions, sont renvoyés « en première instance, par devant les maistres des requestes ordinaires de notre hostel, et par appel en nostre cour de parlement de Paris… »

17.

« Et au moyen de ce que dessus, nous avons faict et faisons très-expresses inhibitions et deffenses à tous marchands et autres personnes, de quelque qualité et condition qu'elles soyent, d'achepter ny faire venir des pays estrangers des tapisseries, ny vendre ou débiter aucune des manufactures estrangères ou autres que celles qui sont présentement dans nostre royaume, à peine de confiscation d'icelles et d'amende de la valeur de la moitié des tapisseries confisquées, etc., etc.

« Donnons en mandement à nos amez et féaux conseillers les gens tenant nostre cour de parlement, à Paris, les gens de nos comptes et cour des aydes audict lieu et autres, nos officiers audict lieu, que ces présentes ils fassent lire, publier, enregistrer... etc., etc., et affin que ce soit chose ferme et stable à toujours, nous avons fait mettre nostre scel à cesdictes présentes, données à Paris au mois de novembre 1667 et de nostre règne le vingt-cinq.

« Signé Louis,

et plus bas,

« Par le roy,

« DE GUÉNÉGAUD. »

L'*hostel* acquis par ordre de Louis XIV, le 6 juin 1662, appartenait alors au sieur Leleu, conseiller au parlement, qui le tenait lui‑même du dernier héritier de la famille Gobelin.

Cet hôtel comprenait, outre les cours et bâtiments, une grande étendue de jardins, prés, bois et *aulnayes* sur les bords de la rivière de Bièvre (1). Il fut payé la somme de 40,775 #, ci. . . . . 40,775 # 0 ſ.

Huit autres immeubles achetés, de 1662 à 1668, par ordre du roi, agrandirent la manufacture : un emplacement appartenant au sieur le Brun, premier peintre du roi, du prix de 5,317 # 10 ſ ; une maison, *scize près la Fausse, porte Saint-Marcel*, appartenant à Hippolyte de Comans et consorts, du prix de 10,000 #... etc., etc., le tout montant à. 49,467 # 10 ſ.

Total. . . . 90,242 # 10 ſ.

(1) Ces jardins, divisés en plus de cent parcelles, appartiennent encore aujourd'hui à la manufacture des Gobelins, et sont répartis entre les chefs de famille attachés à cet établissement.

Somme assez importante, pour le temps, et qui ne représente pas moins de 541,455 fr. de l'époque actuelle (1).

La fabrication des premières tapisseries pour le compte du roi commença vers la fin de cette même année 1662, sous la conduite de Jans, à qui furent successivement adjoints Girard Laurent, Pierre et Jean Lefebvre, tapissiers haute-lissiers ; Jean de la Croix et Mozin, tapissiers basse-lissiers, flamands ; Verrier, tapissier basse-lissier et rentrayeur ; Van der Kerchove, teinturier, « ayant le soin de marquer les ouvrages de tapisserie qui se font aux Gobelins (2). »

Baudouin Yvart, peintre, fut chargé des dessins et modèles (3); Jacques Rochon, concierge, des magasins et de la comptabilité (4);

Van der Meulen, peintre de batailles (5); Baptiste Monnoyer, peintre de fleurs (6), et Nicasius Bernaert,

(1) Dans cette appréciation, comme dans toutes celles qui se réfèrent au règne de Louis XIV, nous adoptons le rapport moyen, de 1 à 6, entre la valeur ancienne et la valeur actuelle de l'argent.

(2) Comptes des bastiments du roy, septembre 1665.

(3) A Baudrin Yvart, peintre, pour son remboursement de pareille somme qu'il a advancée pour les peintures de tous les desseins de tapisserie de la maison des Gobelins . . . . 8,481 ₶ 6 ſ. (*Ibid.*)

(4) *Ibid.*

(5) Dans les comptes des *bastiments du roy,* 1665, Van der Meulen est porté « pour viii mois de ses appointements escheus le dernier aoust de la présente année, la somme de quatre mille livres, ci. 4,000 ₶.

« Du 15 juillet 1666; au sieur Van der Meulen, pour les vi premiers mois de ses appointements, 1666, à cause du travail qu'il fait aux Gobelins . . . . 3,000 ₶.

(6) « Du dernier décembre 1668; au sieur Baptiste Monnoyer, peintre pour les fleurs, travaillant en la manufacture des Gobelins, pour ses appointements de la présente année . . . . . 200 ₶. (*Ibid.*)

peintre *pour les animaux* (1), de l'exécution d'une partie des modèles.

Parmi les artistes de tout genre placés sous la direction de le Brun (2), pour les seules manufactures royales, de de 1663 à 1690 (3), nous lisons encore les noms de quarante-neuf peintres (4); quant aux travaux de tapisserie, nous comptons, dans cette même période, 19 tentures complètes, fabriquées en haute-lisse, d'une surface totale de 4,110 aunes carrées, et 34 tentures de tapisserie de basse lisse, d'une surface totale de 4,294 aunes carrées.

(1) Au sieur Nicasius, Bernard, peintre pour les animaux, idem . . . . , ... 200 ll.
  (*Ibid.*)
(2) Du 17 janvier 1669; au sieur le Brun, pour la conduite et direction des peintures de toutes les maisons royalles. . 4,800 ll.

A luy, pour la conduite de la manufacture des Gobelins, la somme de iii m. ll, pour parfaire celle de xii m. ll à luy accordée par chacun an, y compris iii m. ii c. ll employées dans l'estat de la maison du roy, ci. . . . . 4,000 ll.

(3) Charles le Brun est mort le 12 février 1690.
(4) Le cadre restreint de cette notice ne permettant pas d'indiquer la totalité des travaux, nous donnons du moins les noms des peintres, tels que les fournissent les états de dépenses, inventaires, rapports et autres pièces officielles.

Alexandre, peintre d'h.; de Saint-André. p. h.; Anguier, peintre d'ornements et d'architecture; Arvier, p. fl. et d'animaux; Audran, p. d'h.; Bailly, peintre en miniature; Ballin, p. h.; Baudouin, p. h.; Boëls, peintre d'animaux, Bonnemer, p. h.; Boulle, peintre d'animaux; Boullongne l'aîné, p. h.; Boullongne le jeune; p. h.; Bourguignon, p. paysage; Bouzonnet-Stella, p. h.; Michel Corneille, p. h.; Corneille le jeune, p. h.; Courant, p. h.; Noël Coypel, p. h.; Coypel fils (Antoine), p. h.; Simon Dequoy, p. h.; Dubois, p. fl. et ornements; Francart, p. ornements; de Fontenay, p. fl.; Genouëls, p. h. et paysage; Houasse, p. h.; Lefebvre, p. h.; de Licherie, p. h.; Loir, p. paysages, animaux et ornements; Masson, peintre d'architecture; Matthieu, p. d'h.; de Melun, p. d'h.; Montagne, p. h., port. et marines; Mosnier, p. d'h.; le Moyne, dit le Lorain, p. d'h.; le Moyne, dit le Troyen, p. orne-

Les premières avaient été payés aux maîtres tapissiers
entrepreneurs. . . . . . . 1,106,275 #. (1)
    Les secondes . . . . . 623,601 #.

Indépendamment du prix des modèles à la charge du
roi.

    Les travaux de haute lisse comprennent :

Les actes des apostres, *en dix pièces*, rehaussées d'or, de
46 aunes 1/2 de cours sur 3 aunes 2/3 de haut ;

D'après Raphaël et une ancienne tenture de la couronne
copiée, dit-on, par le frère Luc, de l'ordre de Saint-François.

Trois tentures des élemens rehaussées d'or, *en huit pièces*,
dont quatre entrefenestres « qui sont de petits sujets rappor-
tant aux élements, en petites figures, » d'après les dessins de
le Brun, de 38 aunes 10/16 de cours sur 4 aunes 2/16 de
haut.

« Le sieur Yvart, le père, a peint les tableaux des quatre
élements ; des quatre entrefenestres, M. Dubois a peint le
feu, et M. Genouëls les trois autres.

« Une tenture des saisons rehaussée d'or, en huit pièces, à
cause de quatre entrefenestres qui sont quatre sujets se rap-
portant aux saisons, représentés par des enfants grands
comme nature ; cette tenture a 32 aunes 8/16 1/2 de cours
sur 4 aunes 2/16 de haut.

« M. Yvard, le père, a peint les quatre tableaux des saisons ; des quatre entrefenestres, M. Houasse a peint le printemps, et M. de Sève, le cadet, les trois autres, le tout sur
les desseins et par les ordres de M. le Brun.

---

ments ; Nivelon, dessinateur ; Paillet (Antoine), p. d'h. ; Parent, p.
ornements ; Pattigny, dessin ; Poërson, p. d'h. ; Remondon, p. d'h. ;
Revel, p. d'h. ; de Sève l'aîné, p. d'h. ; de Sève le jeune, p. d'h. ;
Simon, p. d'h. ; Testelin (Henri), p. d'h. ; Verdier, p. d'h. ; Yvart,
fils, p. d'h.

(1) Ces détails, ainsi que la plupart de ceux donnés ci-dessus, sur
les tentures de 1663 à 1691, sont extraits d'un mémoire ou inventaire de M. Mesmyn, premier secrétaire des bâtiments, et des pièces
originales qui ont servi à la rédaction de ce mémoire.

« *Une tenture rehaussée d'or de l'histoire du roy, en quatorze pièces*, d'après le Brun et Van der Meulen :

« L'entrevue des roys, l'audience du légat, la prise de Dunkerque, peintes par M. Mathieu ;

« La prise de Lille, le mariage du roy, la prise de Dôle, la prise de Marsal, peintes par M. Testelein ;

« Le sacre du roy, la prise de Douay, peints part M. Yvart, le père ;

« L'alliance des Suisses, la prise de Tournay, la défaite de Marsin, l'entrée du roy aux Gobelins, peintes par M. de Sène le cadet.

« Ce que M. Laurent et M. Lefebvre ont fait de cette tenture a été paié à 400 # l'aune carrée ; le reste a été paié à M. Jans à 450 # l'aune carrée (1) (leur travail ayant toujours esté distingué des autres).

« *Quatre tentures de l'histoire d'Alexandre* sur les desseins de M. le Brun, en onze pièces chacune, de 59 aunes 1/2 de cours sur quatre aunes 2/16 de haut :

« La bataille de Porus ; l'aile droite et l'aile gauche de ladite bataille, peintes par M. Houasse.

« La bataille d'Arbelles, peinte par les sieurs Yvart le fils, Renel et Lichery.

« L'aile droite et l'aile gauche de ladite bataille peintes par le sieur Lichery.

« La bataille au passage du Granique ; l'aile droite et l'aile gauche de ladite bataille, peintes par le sieur Lichery.

« Les princesses de Perse (2), le triomphe (3), peints par M. Tetelin.

« MM. Laurent, Jans le père, Lefebvre, Jans le fils, ont exécuté ces quatre tentures ; elles ont couté 187,444 #. »

Les originaux de cette tenture avaient été peints, pour

----

(1) En réduisant à la mesure et au taux de l'argent, à l'époque présente, on trouve, pour le prix de l'aune carrée .   2,700 ꞁ.
Et pour le prix du mètre carré.   .   .   .   .   1,945 ꞁ.
  (Rapport de 1. à 1. 31.)
(2) La famille de Darius aux pieds d'Alexandre.
(3) L'entrée triomphale d'Alexandre à Babylone.

la plupart aux Gobelins, ainsi que le dit un témoin oculaire :

« Deffunct Monsieur le Brun a peint luy même les cinq tableaux de l'histoire d'Alexandre ; et ainsy il a peint toutes les figures d'Alexandre desdicts tableaux ;

« Il peignit la famille de Darius, en présence du roy, à Fontainebleau ; la bataille du Granicque, et celles d'Arbelles et de Porus, ainsy que le triomphe ont estez peints icy, par luy-même ; j'en suis témoin oculaire (1).

« Je suis, etc.

« Signé JANS [Autogr.]

« Des Gobelins, le 5ᵉ mars 1694. »

« *Deux tentures des mois, rehaussées d'or*, d'après les desseins de le Brun et Van der Meulen, en douze pièces et huit entre-fenestres, de 83 aunes 6/16 de cours sur 3 aunes 1/2 de haut.

« *Janvier* ; la représentation de l'opéra dans le Louvre, à Paris ;

« *Fevrier* ; un ballet dansé par le roy, dans le Palais royal, à Paris ;

« *Mars* ; la vue du chasteau de Madrid ; le roy à la chasse ;

« *Avril* ; la vue de l'ancien Versailles ; une promenade du roy ;

« *May* ; la vue de Saint-Germain ; le roy à la promenade, avec les dames ;

« *Juin* ; la vue de Fontainebleau ; le roy à la chasse ;

« *Juillet* ; la vue de Vincennes ; une chasse du roy ;

« *Aoust* ; la vue du château de Marimont, en Hainault ; une chasse du roy ;

« *Septembre* ; la vue du chasteau de Chambord ; une marche du roy ;

« *Octobre* ; la vue des Tuileries ; une promenade du roy ;

« *Novembre* ; la vue du chasteau de Blois ; une marche du roy ;

(1) La lettre porte pour suscription : « A M. Tourolle, garde-meuble de la Couronne, à Paris. »

« *Décembre*; la vue du chasteau de Monceaux ; le roy à la chasse.

« Plusieurs peintres ont travaillé aux tableaux et plusieurs sur un seul :

« M. Yvart, le père, a fait la pluspart des grandes figures, les tapis de pied et les rideaux ;

« M. Baptiste a fait les fleurs et les fruits ,

« M. Boulle a fait les animaux et les oyseaux ;

« M. Anguier a fait l'architecture ;

« M. Van der Meulen a fait les petites figures, et une partie du paysage ;

« MM. Génouëls et Baudouin ont fait le reste du paysage (1).

« La première tenture a cousté au roy la somme de 78,590 #.

« La deuxième 79,981 # (2).

« *Deux tentures de l'histoire de Moyse rehaussées d'or*, d'après le Poussin et le Brun (3).

« La première est en dix pièces qui ont 45 aunes 14/16 de cours sur 3 aunes 1/2 de haut... et la seconde est composée de onze pièces (à cause du sujet de Moyse exposé sur les eaux que l'on a mis en deux pièces) (4). Cette tenture a 46 aunes 3/16 de cours sur 2 aunes 14/16 de haut.

(1) Une partie de ces tableaux est conservée au musée de Versailles, sans nom d'auteur; une autre partie a été mise en bandes et détruite, dans le travail des ateliers de basse lisse , aux Gobelins. Quant aux tentures, specimen des plus intéressants de la fabrication de cette époque, par la variété des costumes , la beauté des fonds de paysage et d'architecture , et par la richesse des détails , reproduits sur une très-petite échelle, une partie , en fort mauvais état , existe encore au garde-meuble.   A. L. L.

(2) En monnaie actuelle 499,686 fr., non compris les frais généraux d'administration et de modèles. Cet exemple et ceux déjà donnés répondent au reproche adressé par quelques détracteurs systématiques, à la tapisserie moderne, beaucoup plus parfaite de tissu et de coloris, *de coûter trop cher.*   A. L. L.

(3) Le Serpent d'airain et le Buisson ardent sont de le Brun. Les huit autres tableaux sont de Nicolas Poussin.

(4) La méthode, alors admise, pour garnir les trumeaux étroits des appartements, consistait à diviser les modèles , sans avoir égard à la disposition du sujet ; c'est ainsi que le parnasse de Raphaël est

« La première a cousté au roy 3,542 *#*.

« La seconde 32,924 *#*.

« MM. Stella, Paillet, l'académicien, Yvart le fils, Bonnemer, Testelein, de Sève le cadet, ont peint les dix modèles.

« De la première tenture, M. Lefebvre a fait : Moyse exposé sur les eaux, la verge changée en serpent, Moyse frappant le rocher; et M. Jans : Moyse retiré des eaux, le passage de la mer rouge, la manne dans le désert, le serpent d'airain, le buisson ardent, Moyse marchant sur la couronne, le veau d'or.

« De la seconde, M. Lefebvre a fait cinq pièces, et M. Jans les six autres.

« *Deux tentures rehaussées d'or, d'après les tableaux de Raphaël*, d'après des copies faites par les élèves de l'académie; de 65 aunes 8/16 1/2 de cours sur 4 aunes 1/4 de haut.

« La 1re tenture a cousté. . . . . 67,062 *#*.

« La 2me tenture. . . . . 66,285 *#*.

« De la première tenture, M. Lefebvre a fait : la vision de Constantin, Alexandre, dans l'école d'Athènes, écoutant les sçavans, Heliodore chastié en pillant le temple de Jérusalem (1); et M. Jans les sept autres pièces :

« La bataille de Constantin contre Maxence, l'aile droite et l'aile gauche de la bataille (2). Attila qui va saccager Rome et que le pape saint Léon, allant au devant de luy, arresta par le signe de la croix. Le Parnasse représentant Apollon, avec les neuf muses et tous les poëtes de l'antiquité. L'incendie du bourg de Rome (3), que le pape Léon III appaise par le signe de la croix. Le miracle de la Messe. Le célébrant doutant de la vérité, dans le temps de la consécration, l'on vit, dans le

divisé en 3 compartiments ; l'école d'Athènes, en 3 *id*. ; la bataille de Constantin contre Maxence, en 6 *id*. ; la bataille de Porus, en 8 *id*. ; etc. A. L. L.

(1) Cette pièce décore actuellement l'une des parois de la chapelle des Gobelins.

(2) De la seconde tenture, Lefebvre a fait ce même sujet exposé, aujourd'huy, dans l'atelier de tapisserie.

(3) L'incendie de Borgo-Vecchio eut lieu, vers le milieu du ixe siècle, sous le pontificat de Léon IV. A. L. L.

moment, sur l'hostie, une croix de sang, lequel se répandit sur l'autel. Ce miracle arriva en présence de Jules II (1).

« *Une tenture, d'après les tableaux de la gallerie de Saint-Cloud*, de M. Mignard, en six pièces et en or, de 34 aunes de cours sur 4 aunes 1716 1/2 de haut.

« Elle a cousté au roy, à raison de 260 ₶ l'aune carrée 34,455 ₶.

« M. Jans a fait cette tenture, dont les modèles ont été peints, savoir :

« Le printemps par M. Baptiste, l'Esté et le Parnasse par Simon Dequoy, l'Automne et Latone par Remondon, l'hyver par Bourguignon (2). »

Nous nous bornons à ce court aperçu des travaux de tapisseries des Gobelins sous M. le Brun ; ils s'exécutaient à la tâche et à des prix très-variables fixés par aune carrée, selon la méthode suivante :

« ... Avant que de monter une pièce sur le métier, on couche le dessin ou tableau par terre ; l'on mesure séparément toutes les parties dudit tableau, selon les diverses qualitez d'ouvrages ; l'on calcule exactement chaque prix des bâtons (3) de différents ouvrages qui sont dans ladite pièce ; l'on passe 6 ₶ pour l'employ de l'or par aune carrée, lorsqu'il y

____

(1) L'événement a eu lieu, à Bolsène, en 1263, sous le pontificat, et en présence d'Urbain IV ; mais, dans sa composition, Raphaël a représenté ce pape sous les traits de Jules II. A.-L. L.

(2) Les modèles de cette tenture ont été, en partie, exécutés sous la direction de le Brun, mais la tenture n'a été achevée que sous son successeur Mignard. Nous trouvons, à ce sujet, dans les comptes des bâtiments du roi, ce qui suit : « 19 febvrier 1698 ; au nommé de Fontenay peintre ॥ c. ॥ à compte des nouveaux desseins peints en huile qu'il fait pour les bordures de tapisserie de la gallerie de Saint-Cloud que l'on fait aux Gobelins pour le roy cy. . . 200 ॥.

20 aoust, à luy ॥ c. ॥ sur id. . . . . 200 ॥.
                                        A.-L. L.

(3) On désignait ainsi la seizième partie de l'aune carrée ; seize bâtons de l'aune de France correspondaient approximativement à 48 bâtons de Flandres ;

Le compte, entre le roi et les entrepreneurs, se faisait au bâton de

en a ; l'on passe aux maistres, pour leur conduite, 30 # par aune carrée, l'on ajoute la valeur des estoffes (1) fournies par le maistre, lesquelles il achète dans la maison des Gobelins pour être assuré de la bonté desdites estoffes et des couleurs ; et l'on voit ce à quoi toute la pièce reviendra, et par conséquent l'aune quarrée (2).

« Sur ce fondement, le concierge fait des payements à compte, tous les trois mois, sur les marques ou mesures qu'il fait, sur chaque pièce, à chaque maistre, auquel il donne en payement les estoffes livrées pendant le quartier.... (3).

« ... L'on fait venir les laines d'Angleterre, par *bouchons*, à Calais, et sur les côtes de France, à la dérobée, y aïant des

France, et celui des maîtres avec les ouvriers se faisait au bâton de Frandres.

Enfin le bâton de France se divisait en seize parties.

Le prix du bâton de chaque nature d'ouvrage était fixé par un tarif particulier, pour la haute et pour la basse lisse. Le tarif de la haute lisse était beaucoup plus élevé, c'était en général le double ; on peut facilement se rendre compte de la différence par celle des prix totaux payés aux maîtres tapissiers, de 1683 à 1691, et rapportés ci-dessus, page 70.   A.-L. L.

(1) Cette valeur des étoffes, par aune carrée, était assez singulièment arbitrée : on passait, pour cet objet, dans la haute lisse, *un quart du prix des façons* fixé par le tarif, et, dans la basse lisse, *moitié de ce même prix*; par cette considération, que le tarif de la première étant le double à peu près de celui de la seconde, et la quantité d'étoffe la même, dans l'un et l'autre mode de fabrication, il fallait rétablir l'équilibre.   A.-L. L.

(2) Les tentures d'après Jules Romain et Raphaël, exécutées en 1688 et années suivantes, ont été payées 380 # l'aune carrée à Jans et 360 # à Lefebvre, conformément au tarif arrêté par M. de Louvois.

(3) Chaque maître inscrivait son nom, dans le tissu même, sur les pièces de tapisseries exécutées par son atelier. Cet usage s'est conservé jusqu'à la suppression, en 1790, du travail à la tâche.

Étant donc donnés les noms et la durée de la vie active de tous les entrepreneurs qui ont dirigé les ateliers des Gobelins, il sera toujours possible de déterminer l'origine d'une pièce quelconque de tapisserie exécutée dans cette manufacture, et l'époque approximative de sa fabrication. La liste placée à la suite de cette notice fournit ces indications.   A.-L. L.

défenses en Angleterre, d'en passer sur peine de la vie. On les file autour d'Amiens et on les livre filées blanches choisies par le concierge et les tapissiers qui rebutent tout ce qui n'est pas d'une égale finesse, moyennant cinquante-cinq sols la livre (1). Il coute encore quatre sols par livre, pour les dégraisser, et elles sont teintes dans la maison.

« La laine en chaisne vaut un écu la livre.

« On fait venir de Lyon les soies que les marchands vendent à la botte qui n'a que 15 onces et que l'on vend aux tapissiers, dans la maison, à la livre de 16 onces, réduisant pour cet effet le prix de la botte à la livre, ce qui revient à la même chose.

« La botte de grenadine très fine, couleur de nuances ordinaires vaut . . . . 14 #.
« La botte de cramoisy . . . . 18 #.
« La botte de ponceau. . . . . 38 #.

« Il faut observer qu'en la présente année 1688, Mgr de Louvois a projeté de faire venir de Lyon la soie toute blanche, et de la faire teindre dans la maison des Gobelins, comme la laine (2). »

Les ateliers des Gobelins réunissaient alors environ deux cent cinquante ouvriers. L'entrepreneur Jans en conduisait à lui seul 67 (3), parmi lesquels :

« Jean Vauoq, aagé de 55 ans ou environ, a toujours travaillé dès l'établissement de la manufacture, il y a 34 ou

(1) « Du 1ᵉʳ janvier 1689, l'on paie un écu de la livre, à cause de la difficulté à en faire venir pendant la guerre. »

(2) Extrait d'un mémoire sur la manufacture des Gobelins par M. de la Chapelle-Bessé, architecte intendant des bâtiments du roi, contrôleur au département de Paris, chargé, en cette qualité, de l'inspection des manufactures royales, membre de l'académie de peinture et de sculpture où il avait été reçu *honoraire amateur* en 1668.

A.-L. L.

(3) Les détails suivants sur le personnel des ouvriers tapissiers sont extraits d'un mémoire de Jans adressé au surintendant des bâtiments du roi, le 7 fevrier 1693.

32 ans, et est un des meilleurs ouvriers, qui a toujours esté employé à faire des testes et des chairs (1).

« Mathurin Texsier, aagé d'environ 55 ans, est de la mesme classe que le susdit Vauoq, tant pour la capacité que pour le temps de service.

« Jean Souët, aagé d'environ 40 ans, travaille depuis environ 22 ans, et est un des meilleurs ouvriers pour les testes et les chairs.

« Claude Simonnet, aagé d'environ 45 ans, travaillé depuis environ 12 ans, et est aussy employé aux testes et aux chairs; il a cinq enfants (2).

« Jean-Baptiste Gaucher, aagé d'environ 40 ans, travaille depuis 10 ans, propre à toutes sortes d'ouvrages, excepté les testes et les chairs; je me sers de luy pour les mesures que je fais toutes les sepmaines, pour le paiement de mes ouvriers et pour avoir soing de mes magazins, étant très-intelligent pour toutes ces choses; il a quatre enfants.

« Gabriel Dumontel, aagé d'environ 40 ans, travaille il y a environ 20 ans, est propre ouvrier pour toutes sortes d'ouvrages, excepté les testes et les chairs; il a deux enfants (3).

« Corneille Devos (4), de Bruges; François Lasnier; Estienne Drisuelt; Barthelemy Dubois, etc. »

Dans les autres ateliers, nous remarquons à la même époque :

Jacques Ostende (5), originaire d'Anvers.

Ambroise Van der Busque id.

Barthélemy Benoist id.

(1) La famille Vavoque s'est perpetuée aux Gobelins jusqu'en 1829; elle a fourni plusieurs fonctionnaires, concierges et chefs d'atelier.

(2) Le dernier membre de cette famille est mort aux Gobelins, en 1831.

(3) Cette famille, originaire de Bruxelles, existe encore aux Gobelins.

(4) Les descendans de Corneille Devos existaient encore, dans la manufacture, au commencement du siècle.

(5) Cette famille est aujourd'hui représentée aux Gobelins par J.-F. Ostende, agé de 78 ans.

Jacques Benseman, de Bruxelles.

Guillaume Duchesne (1), id. etc.

La manufacture déployait alors une égale activité en orféverie, mosaïque, sculpture sur bois et sur métaux, ébénisterie et broderie.

Claude de Villers et ses fils (2), Alexis Loir (3) et Dutel exécutaient une partie importante de ces œuvres d'orfévrerie qui, plus tard, furent par ordre du roi portées à la

(1) Les derniers tapissiers de ce nom et de cette famille ont été compris dans la réforme de plusieurs ouvriers tapissiers opérée vers 1803.

(2) Dans les comptes des bâtiments du roi, 4 décembre 1665, nous lisons :

« Au sieur de Villers orphevre, pour son remboursement des frais qu'il a faits, pour venir de Londres, avec sa famille, s'establir à Paris et y travailler pour le service de Sa Majesté. . .   375 ₶.

(3) Comptes des bâtiments du roi :

« Du 7ᵉ décembre 1666.

« A Loire, à-compte des vazes d'orangers d'argent qu'il fait pour le service de Sa Majesté. . . . .   2,000 ₶.

« A Villers, à-compte de deux cuvettes d'argent qu'il fait pour le service de Sa Majesté . . . .   10,000 ₶.

« Du dernier décembre 1666,

« A Claude de Villers, à-compte de deux grandes cuvettes d'argent qu'il fait pour le roy. . . . .   15,000 ₶,

« Du 19ᵉ juillet 1680.

« A Alexis Loire et François de Villers, orfevres, pour employer à la continuation d'une ballustrade d'argent qu'ils font pour le service de Sa Majesté . . . .   30,000 ₶.

« Du 26ᵉ janvier 1681.

« A eux parfait payement de 127,504 ₶ 17 ſ 6 ₰, pour ladite ballustrade. . . . .   28,668 ₶ 6 ſ.

« Du 30ᵉ janvier 1684. (Compte de *recepte*.)

« Dudit sieur de Bartillat (Etienne-Jehannot de B. garde du trésor royal) 8,274 ₶ pour deslivrer aux sieurs Loir et Dutel orphevres, pour avec 192,400 ₶ 7 ſ 5 ₰, qu'ils on reçeus depuis l'année 1667, jusques en l'année dernière 1683, faire le parfait payement de 200,675 ₶ 5 ſ 2 ₰, à quoy montent les ouvrages d'argenterie par eux faits aux Gobelins, par ordre de Sa Majesté; sçavoir : 63,525 ₶

Monnaie (1690), et que leur valeur artistique ne put ainsi préserver d'une complète destruction.

La famille de Villers s'est maintenue aux Gobelins pendant plusieurs générations ; le dernier orfévre de ce nom, Claude de Villers, y est mort le 28 mars 1755.

« Il avait (dit M. d'Isle, alors directeur de cette manufacture) le talent de faire toutes sortes d'ornements d'église, figures, chandeliers, etc., le tout d'une légèreté de poids extraordinaire et poussé au marteau. La Vierge de Saint-Sul-

18 ſ 9 ꝺ, pour six bassins ovalles et quatre vases pesant ensemble 1,411 marcs 5 on. 1ʃ2, à raison de 45 ₶ le marc ; 72,005 ₶ 14 ſ 5 ꝺ pour deux grands seaux avec les escabelons et 12 chandeliers pesant ensemble 1,714 marcs : 3 ſ 5 ꝺ, à 42 ₶ le marc ; 54,080 ₶ pour deux grands buires pesant ensemble 1,352 marcs à 40 ₶ le marc ; 10,033 ₶ 12 ſ, pour quatre bordures de tableaux d'argent vermeil doré avec des ornements d'argent blanc, pesant ensemble 200 marcs 5 on. 3 gr., à raison de 50 ₶ le marc ; et 1,030 ₶ pour six autres petites bordures de tableaux d'argent, pesant ensemble 25 marcs six onces, à 40 ₶ le marc, y compris la façon et le contrôle, toutes lesquelles sommes reviennent ensemble à la susdite de 200,675 ₶ 5 ſ 2 ꝺ, le tout livré pour le service de Sa Majesté et 68 ₶ 19 ſ 2 ꝺ, pour les taxations dudit trésorier, à raison de 2 deniers pour livre, ci. . . . . 8,343 ₶ 16 ſ 10 ꝺ.

« Du 4 décembre 1684.

« Dudit sieur de Bartillat v m. ₶ pour délivrer aux sieurs de Villiers orphevres, à-compte de deux vases d'argent pour mettre des orangers qu'ils ont entrepris pour le service de Sa Majesté, et xli ₶ xiii ſ iiii ꝺ pour les taxations dudit trésorier à raison de 2 ꝺ par livre, cy . . . . 5,401 ₶ 13 ſ 4 ꝺ.

« Du 4 décembre 1684.

« De luy xx m. cxiiii ₶ xv ſ pour délivrer aux sieurs Loir et de Villiers orphevres, pour avec 30 m. qu'ils ont ci-devant reçeus à compte sur l'entier et parfait payement de 50,114 ₶ 15 ſ à quoy montent trois grands guéridons d'argent, la tige à trois figures sur un pied en manière de cassolette par eux fabriquez et livrez pour le service de Sa Majesté, pesant 1,297 m. 2 on., sçavoir xl m. ii c. xiii ₶ xv ſ pour le prix de l'argent et le contrôle, à raison de 31 ₶ le marc et ix m. ix c. ₶ pour la façon, à raison de iii. m. iii c. ₶ pour chacun et clxvii ₶ xii ſ vi ꝺ pour les taxations, ci. . 20,282 ₶ 7 ſ 5 ꝺ.

pice, de 5 pieds 1/2 de haut, est un de ses ouvrages, ainsi que les beaux chandeliers de Saint-Sauveur... (1) »

Des lapidaires florentins, Horace et Ferdinand de Megliorini, Branchy et Gachetti (2), assemblaient le marbre, le jaspe, l'agate, le lapis pour composer ces tables de mosaïques précieuses ornées d'oiseaux, d'arabesques, de fleurs et de fruits que l'on peut encore admirer au Musée du Louvre.

Domenico Cucci, ébéniste et sculpteur, appelé de Rome, ainsi que le sculpteur Caffieri (3), fabriquait des meubles d'une singulière richesse, *des cabinets* d'ébène ornés de lapis et de pierres précieuses, de bronze ciselé et doré (4) ;

(1) Lettre de M. d'Isle à M. de Marigny, du 29 mars 1755.

(2) « Du 23 decembre 1673 (comptes des bastimens du roy). « A Ferdinand et Horace Megliorini et Jean Ambrogo Gachetti lapidaires pour les ouvrages qu'ils ont faits. . . . . 4,880 ₶.

« A Branchy lapidaire pour les ouvrages de pierres fines qu'il a faits . . . . 1,995 ₶.

« Du 10 mars 1675.

« A Miliorini et Gachetti lapidaires florentins, pour les pierres fines qu'ils ont taillées pendant l'année dernière 1674, et pour leurs gages. . . . . 4,880 ₶.

« A Branchy lapidaire, pour des appointements de ladite année . . . . , ... 1,920 ₶.

(3) Du 11e febvrier 1674.

« A Caffieri, pour 14 bordeures et un lit qu'il a sculptés. 2,250 ₶.

« Du 20e juillet.

« A Caffieri, pour la sculpture de cinq grandes bordeures. 950 ₶.
(Compte des bâtimens du roy.)

(4) « Du 28e novembre 1673, de M. Etienne Jehannot sr de Bartillat 5,622 ₶ 13 ſ 4 ₰ pour délivrer 6,568 ₶ à Cucci ébéniste pour parfait payement de 27,568 ₶ à quoy montent deux grands cabinets d'ébène qu'il a faits pour Sa Majesté, enrichis de plusieurs ornemens de bronze et de tapis, et 54 ₶ 13 ſ 4 ₰ pour les taxations dudit trésorier. . . . . 6,622 ₶ 13 ſ 4 ₰.
(Ibid. Compte de *recepte*.)

Philbert Balland et Simon Fayette brodaient des tentures, des portières, des rideaux, des meubles de diverses sortes, sur gros de Tours, et de Naples, sur moire et toile d'argent, d'après les modèles de Bailly peintre en miniature, de Bonnemer, de Testelin et Boulongne le jeune. Fayette exécutait les figures et Balland le paysage. Il ne reste probablement rien de ces travaux, mais on peut s'en faire une idée par les détails consignés à ce sujet, de 1671 à 1686, dans les comptes des bâtiments du roi (1).

(1) « Du 25ᵉ janvier 1671 (comptes des bastimens du roy), aux brodeurs cy après nommés, sçavoir :

« A Simon Fayait 337 ₶ 10 ſ pour 22 semaines, à Philbert Balland 270 ₶ pour 22 1/2 semaines, et 627 ₶ pour ceux qui ont travaillez 232 journées. . . . . 1,234 ₶ 10 ſ.

« Du 22 febvrier 1673 ;

« Au sʳ Bailly peintre pour son remboursement de ce qu'il a payé aux ouvriers qui travaillent aux ouvrages de tapisserie sur de la moire, suivant le rolle fini, le 18ᵉ du présent mois, et 371 ₶ pour achapt d'or moulu. . . . . 2,524 ₶ 5 ſ.

« Du 19 avril 1672 ;

« Au sʳ Bailly peintre, parfait payement de 1,200 ₶, pour la tapisserie de minature qu'il a fait pour le roy . . . . 800 ₶.

« Du 8ᵉ avril 1676 ;

« A Fayait, pour ouvrages de broderie qu'ils a faits sur une pièce de tapisserie peinte sur du gros de Tours. . . . . 477 ₶ 10 ſ.

« Pour les tapisseries de l'histoire du roy sur du gros de Tours, 25,000 ₶. (1678. Compte de recepte.)

« Du 2ᵉ juin 1679 ;

« A Tetelin (Testelin) pour un tableau pour servir de patron aux portières de broderies représentant la figure de Jupiter assis sur un aigle . . . . 300 ₶.

« Du 11ᵉ juin 1679 ;

« A Fayet brodeur pour fourniture et façon de deux carrez à fonds de moire bleue faits pour le service de Sa Majesté . . 220 ₶.

« Du 19ᵉ aoust 1682 (estat des gages des ouvriers des Gobelins, des 6 premiers mois 1682).

« A Balland brodeur en paysage. . . . . 75 ₶.

« A Fayette brodeur en figures . . . . 75 ₶.

La manufacture de la Savonnerie exécutait dans le même temps, d'après les modèles de Baptiste Monnoyer, de Francart (1), de Blain de Fontenay, de le Moyne, de grands travaux qui, par leur caractère décoratif et par leur multiplicité, échappent, en quelque sorte, à la description : tapis pour les galeries de Versailles et du Louvre, meubles, siéges de toute forme, paravents, portières, etc.

« Du 6e décembre 1682 ;

« A Ballan brodeur, pour les broderies sur une pièce de tapisserie représentant une manière de prendre des oyseaux au passage. 400 H.

« Du 25 mars 1685 ;

« A Boulogne autre peintre, pour son payement des desseins d'oyseaux, tant à l'huile qu'en détrempe qu'il fait pour servir aux broderies entreprises par le sr Balan, cy . . . . 72 H.

Du 22 avril 1685 ;

A Bonnemer peintre, pour son payement de six tableaux, en mignature, représentant des devises pour les broderies du meuble de la gallerie de Versailles . . . . 300 H.

« Du 17 novembre 1686 ;

« A Bonnemer peintre III c. H pour son payement de 5 grandes devises peintes sur veslin, avec les poncifs pour tracer sur la moire, pour servir aux broderies de Sa Majesté, à 60 H chacun, cy. 300 H.

« Du 8e septembre 1686 ;

« A luy III c. H pour son payement de 5 tableaux de devises, figures et paysages qu'il a peints en mignature sur du veslin, pour servir aux broderies de Sa Majesté, cy . . . . 350 H.

(1) « Du 25e décembre 1668.

« A François Francart, pour son payement de 17 aunes carrées de dessein de tapis, pour le service de Sa Majesté, la somme de 612 H.

« Du 2 janvier 1670.

« A Baudrain Yvart, peintre, 13,952 H 5 s scavoir 11,589 H 15 s pour despense de tableaux et desseins de tapisseries qui se font aux Gobelins et 2,362 H 10 s payés au sieur Francart pour 65 aunes 1/2 et demy quart du dessein du tapis de pied de la grande gallerie du Louvre, cy. . . . . 13,952 H 5 s.

« Du 6e may 1685.

« A le Moyne, peintre v c. H à compte des desseins de bordures de tapisserie qu'il fait pour les Gobelins et la Savonnerie, cy . 500 H.

(Extrait des comptes des bâtimens du roy.)

Le tapis de la galerie d'Apollon, au Louvre, se composait de 13 tapis (1) de composition variée et analogue à celle du tapis de la grande galerie de jonction du Louvre aux Tuileries, tapis dont nous avons donné, pag. 45, une courte description, d'après les inventaires des meubles de la couronne. Par suite de son immense étendue et du don fait à un souverain étranger (2) de plusieurs des tapis particuliers qui le composaient, il ne fut achevé,

(1) « Dans le premier il y a un compartiment fond brun avec rainceaux, quatre soleils, couronnes aux quatre côtés ; les quatre coins, fond blanc aussi avec rainceaux, au milieu duquel sont les armes, long de sept aunes trois quarts, large de six aunes et demie.

« Le deuxième est un autre grand tapis où est un grand compartiment fond bleu, à rainceaux de diverses couleurs, au milieu duquel il y a un trépied et au dessus un soleil couronné, dans un oval fond bleu, long de sept aunes 3/4 sur trois aunes un tiers de large...

« Le septième est un autre tapis de même ouvrage, dessein, longueur et largeur que le précèdent.

« Le huitième, un autre tapis d'un grand compartiment fond bleu, aux deux bouts duquel il y a deux soleils couronnés et au milieu le chiffre du roy entrelassé d'un sceptre et d'une main de justice, dans un rond fond bleu, long de sept aunes trois quarts, large de quatre aunes trois quarts.

(2) « Du 15 janvier 1687. » (Extrait du compte de recepte ; bastimens du roy.)

« De luy (Gédéon du Metz, garde du trésor royal) v m. LXII ₶ pour délivrer à Louis du Pont tapissier, pour son payement d'un grand tapis de laine, ouvrage de la Savonnerie, qu'il a fait et livré pour remplacer le 22ᵉ de la suitte de la grande gallerie du chasteau du Louvre qui a esté delivré par ordre de Sa Majesté, le 27 janvier 1685, pour envoyer au roy de Siam, contenant 7 aunes 1/2 de long sur 4 aunes 1/2 de large, faisant en tout 35 aunes 3/4 carrées, à raison de 150 ₶ l'aune carrée, et 42 ₶ 3 ſ 9 ₰ pour les taxations. 5,104 ₶ 13 ſ 9 ₰.

« Du 25 janvier 1687.

« De luy IIII m. VI c. IIII XX. VII ₶ X ſ pour delivrer à la veuve Lourdet, tapissier, pour son payement d'un tapis de laine, ouvrage de la Savonnerie qu'elle a fait et livré pour remplacer le onzième de la suite de la grande gallerie du chasteau du Louvre, donné par ordre de Sa Majesté, le 27 janvier 1685 pour envoyer au roy de Siam,

ainsi qu'il résulte des comptes des bâtiments du roi, qu'à une époque avancée du règne de Louis XIV (1).

L'abbé de Marolles a célébré à sa manière, en 19 quatrains peu connus de la postérité, les travaux de la manufacture des Gobelins :

Ceux qui font florir les beaux arts dans l'hostel des manufactures royales aux Gobelins, sous la direction de M. le Brun premier peintre du Roy, selon les mémoires qu'en a baillez M. Rousselet, le 7ᵉ jour de mai 1677 (2).

I.

L'hostel des Gobelins, pour les manufactures,
Est conduit par les soins de ce peintre fameux
Le Brun, dont tous les traits du pinceau sont heureux,
Et qui prescrit la loi dans les belles peintures.

II.

Pour tous ses grands talents le roy l'affectionne;
De ce lieu merveilleux, il est le conducteur :

contenant 7 aunes 1/2 de long sur 4 aunes 1/6 de large, faisant en tout 31 aunes 1/4 carrées, à raison de 150 l. l'aune carrée et 39 ₶ 1 ſ pour les taxations, cy. . . . . 4,726 ₶ 11 ſ 3 ₰.

(1) « Du 3ᵉ juin 1685. (Extrait du compte de dépense.)

« A la veuve Lourdet, tapissier, ₶ m. v c. ɪɪɪɪ xx. ₶ xvɪ ſ ɪɪɪ ₰ pour solde de compte des tapis qu'elle a livrés pour la grande gallerie du Louvre, depuis l'année 1664, jusques au 5ᵉ novembre 1683 montant à 274,037 ₶ 6 ſ 3 ₰, cy. . . . . 2,594 ₶ 16 ſ 3 ₰.

« Du 1ᵉʳ juillet 1685.

« A elle ɪɪɪ m. ɪx c. lx ₶ pour son paiement d'un tapis de laine contenant 6 aunes de long sur 4 aunes de large qui font 24 aunes au carré, à 165 ₶ l'aune qu'elle a fourni pour la grande gallerie du Louvre, cy. . . . . 3,960 ₶.

(*Ibid.*)

(2) Extrait de l'ouvrage de l'abbé de Marolles intitulé : Paris, ou la description succincte et neantmoins assez ample, de cette grande ville, par un certain nombre d'épigrammes de quatre vers chacun, sur divers sujets.

Il en est l'économe et le seul directeur ,
Digne d'estre chéri de l'auguste couronne :

III.

Ne voit-il pas sous luy la main de Vandermeule
Ce peintre si sçavant, qui fait voler les darts,
Serrer les escadrons sous les grands étendars,
Et qui presse les bleds par le fer et la meule ?

IV.

Il dépeint les combats et les prises des villes ,
Bruxelles l'a fait naistre , admirant ses travaux :
Et craint en même temps de luy voir des rivaux :
Elle en est étonnée , entre tous ses asiles.

V.

Là, se voit, de Moulins, le jeune peintre Sève,
Qui le porte si loin avecque le pinceau,
Secondant de Gilbert son frère, le cerveau,
D'une manière artiste et qui souvent enlève.

VI.

Oüasse de Paris est un grand peintre encore,
Qui pour les grands desseins se doit faire admirer,
Sans que, dans sa jeunesse on puisse désirer,
Chose aucune du sujet de ce qui se colore.

VII.

Yvart est jeune aussi, sa ville de Boulongne
Aura de sa peinture un aussi grand honneur,
Que pour luy-mesme un jour il croistra son bon-heur,
Tandis que de son art l'ignorance s'éloigne.

VIII.

Que Henri Tetelin est un bon peintre encore,
Aussi bien que Verdier, tous les deux de Paris ;

Bonne mer de Falaize y vaut aussi son pris :
Par de si bons pinceaux la peinture s'honore.

IX.

Les graveurs sont ceux-cy de qui la renommée
Ne dit rien au-dessus de ce qui leur est dû :
L'œuvre de Rousselet est partout entendu.
Et l'unique au burin d'une force estimée.

X.

Ce Rousselet si sage a d'une vertueuse,
Une fille et six fils, l'ainé religieux :
Les autres comme luy, qui sont ingénieux
Ont une discipline a profiter heureuse.

XII

Audran, le Clerc de Metz travaillent à l'eau for te,
Leur poinçon est exquis, l'on en fait de l'estat,
Le Brun mesme leur donne aussi de son éclat :
Et dans ses beaux dessins chacun d'eux se comporte.

XIII

Le Fèvre tapissier excelle en haute lice :
Jean Jans excelle aussi dans un pareil employ,
Suivant les grands dessins qu'on a faits pour le roy,
Tout le monde admirant un si grand artifice.

XIV

Quant à la basse lice où la règle est plus seure
Deux artistes flaments de la Croix et Mozin,
Qui seuls pourraient fournir un royal magazin,
N'y mettroient pas un fil sans sa juste mesure.

XV

Jean Baptiste Tubi, Cosuan (1), pour la sculpture
De Rome et de Lyon excellent en cet art ;
Les portraits du dernier ne sont point du hazard,
En son œuvre égalant la plus docte peinture.

XVI

De Vilers et ses fils sont dans l'orfévrerie
Des hommes achevez, Alexis Loir comme eux,
De Paris, tous les quatre ont dés dessins heureux
Meslant à ce qu'ils font une rare industrie.

XVII

Horace et Ferdinând deux frères de Florence
Lapidaires tous deux nommez Megliorini;
Et leur compatriot, l'ingénieux Branchi,
Pour pièces de rapport sont merveilleux en France.

XVIII.

Pour la sculpture en bois, là tous venus de Rome ;
D'entre les bons sculpteurs Philippe Caffieri,
Et du mesme pays Dominique Cassi (2),
Que partout en leur art, justement on renomme.

XIX.

Prou menuisier du roy doit y tenir sa place :
Que la sienne y conserve aussi Bellan brodeur,
Et la sienne Fayette, autre excellent la fleur;
On ne dira jamais que ce soit par audace.

(1) Il faut sans doute lire Coisevaux ou Coisevox. Ce célèbre
sculpteur, né à Lyon en 1640, demeurait aux Gobelins, en même
temps que tous les artistes nommés par l'abbé de Marolles. Il fut l'un
des professeurs de *l'académie* de dessin fondée dans cette manufacture, après la mort de le Brun.   A.-L. L.

(2) Domenico Cucci.

Le *Mercure de France* (février 1690) contient un autre témoignage de l'admiration contemporaine pour les travaux de Ch. le Brun :

« ... On ne doit pas le regarder, en cette occasion, comme peintre seulement; il avoit un génie vaste et propre à tout; il était inventif, il savoit beaucoup, et son goût étant général, ainsi que son savoir, il tailloit, en une heure de temps, de la besogne à un nombre infini de différents ouvriers. Il donnoit des desseins à tous les sculpteurs du roy. Tous les orfèvres en recevoient de lui : ces candelabres, ces torchères, ces lustres et ces grands bassins ornés de bas-reliefs qui représentoient l'histoire du roy, n'estoient que sur ses desseins et sur les modèles qu'il en faisoit faire. Il donnoit en un mesme temps des desseins pour tendre des appartements entiers. Pendant que tant d'ouvriers travailloient sur ses desseins, il y en avoit une infinité qui n'estoient occupés que par ceux qu'il avoit donnés pour des tapisseries; il a fait ceux de la bataille et du triomphe de Constantin, ceux de l'histoire du roy et de celle d'Alexandre, des maisons royales, des saisons, des éléments et plusieurs autres; enfin l'on peut dire qu'il faisoit tous les jours remuer des milliers de bras et que son génie estoit universel... Quoique je vous ayes nommé beaucoup de ses ouvrages, j'ai oublié de vous parler de ces grands et superbes cabinets qui se faisoient aux Gobelins sur ses desseins et sous sa conduite; il sembloit que tous les arts y eussent mis chacun leur morceau. On en a vu beaucoup dans la galerie des Tuileries, et entre autres le cabinet d'Apollon (1), car tous ces cabinets ont leur nom et sont historiés. Enfin M. le Brun estoit si universel que tous les arts travailloient sous luy et qu'il donnoit jusques aux desseins de serrurerie. J'en puis rendre témoi-

(1) Le cabinet d'Apollon représentant *le Temple de la Gloire* faisait pendant au cabinet de Diane représentant *le Temple de la Vertu*. Tous deux étaient en ébène et avaient été commandés, vers 1663, pour la galerie d'Apollon, à Domenico Cucci, au prix de trente mille cinq cents livres, qui figure en six paiements partiels dans les comptes des bâtiments du roi, de 1664 à 1667. (De Chenevières, *Notice sur la Galerie d'Apollon.*)

gnage, puisque j'ai vu regarder, par de très-habiles estrangers, des serrures et des verroux de portes et de fenêtres de Versailles et de la gallerie d'Apollon au Louvre, comme des chefs-d'œuvre dont ils ne pouvoient se lasser d'admirer la beauté... Là réputation de le Brun augmentant de jour en jour, tant en France que parmi les estrangers, le roy lui envoya son portrait entouré de diamans, dont il y en a un d'un fort grand prix, et luy donna peu de temps après des lettres de noblesse (1) et des armes qui sont un soleil en champ d'argent et une fleur de lys en champ d'azur, avec un timbre de face (2). »

La substitution définitive de la peinture complète aux anciens cartons de tapisserie date de la direction de Charles le Brun ; les modèles qu'il composa lui-même, ou en collaboration avec d'autres peintres, et qui, pour la plupart, furent reproduits en tapisserie sous ses yeux, tels que les batailles d'Alexandre, l'histoire de Louis XIV, les éléments, les douze mois de l'année, etc., sont de véritables tableaux. A part cette circonstance capitale, le Brun ne changea rien aux conditions du travail : il laissa le tapissier à ses gammes primitives, à son mode habituel de traduction, n'exigeant de lui qu'un dessin et un modelé plus corrects.

Les tapisseries de cette époque, exposées aux Gobelins,

(1) Louis XIV fut encore plus libéral ; nous lisons, sous la date du 25 septembre 1681 (comptes des bâtiments du roy) :

« Au sieur le Brun premier peintre du roy, 5,000 ʜ faisant, avec 10,000 ʜ qu'il a reçeus en juillet et aoust, 15,000 ʜ, à compte des 20,000 ʜ à luy accordez par Sa Majesté, pour bastir une maison à Versailles, suivant l'ordonnance de fonds expédiée, cy . 5,000 ʜ.

Et sous la date du 23ᵉ décembre 1681.

« Au sieur le Brun, parfait payement des 20 m. ʜ de gratification à luy accordez par Sa Majesté. . . . . 10,000 ʜ.

Le roi avait, de plus, donné à le Brun l'emplacement nécessaire pour cette maison. A-L. L.

(2) *Mercure de France*, février 1690.

justifient ces observations : leur coloris ne diffère pas sen-
siblement de celui de l'école précédente ; mais elles se font
en général remarquer par la largeur du faire, par de beaux
détails de modelé et par un grand caractère d'ornemen-
tation.

Le successeur de Ch. le Brun, en 1690, P. Mignard (1),
trop âgé pour exercer utilement les fonctions de directeur
des manufactures royales, n'en eut que le titre ; toute la
partie active fut confiée à M. de la Chapelle–Bessé, architecte, intendant des bâtiments du roi et contrôleur au
département de Paris ; il fut, de plus, créé aux Gobelins
une académie de dessin, d'après l'antique et le modèle
vivant, dirigée par trois membres de l'académie de peinture et de sculpture ; la première mention en est faite,
dans les comptes des bâtiments du roi, à la date du 30 décembre 1691 :

« Aux ouvriers et autres cy-devant nommez, pour leurs
appointemens des six premiers mois 1691, y compris CL # aux
sieurs Tuby, Coisevox et Le Clerc, pour le soin et conduite
qu'ils ont de l'académie des Gobelins, poser le modèle et instruire les élèves de ladite académie ; à raison de 300 # par an,
cy . . . . 1375 #. »

Dès l'année suivante, 1692, ces professeurs sont portés
au nombre de quatre : deux sculpteurs, Tuby et Coisevox ;
deux peintres, Le Clerc et Verdier.

Pendant un an encore les travaux de toute nature continuent avec ensemble et activité : la première tenture,
dite des Indes (2), celle de la galerie de Saint–Cloud,

____

(1) D'après une tradition, peu certaine, il est vrai, Mignard ne
serait jamais venu aux Gobelins.

(2) Les modèles originaux de cette tenture, en huit tableaux, exécutés aux Indes, et représentant des animaux, des fleurs, des fruits,
des paysages, avaient été donnés au roi par un prince d'Orange et

d'après Mignard, et celle des arabesques de Raphaël, en huit pièces, arrangés par Noël Coypel (1), datent de cette époque.

Mais bientôt Louis XIV, qui avait déjà sacrifié les chefs-d'œuvre d'orfévrerie des Ballin, des de Launay, des de Villers, se vit dans la dure nécessité de congédier les habiles tapissiers qu'il avait eu tant de peine à réunir et à former; il ne fut d'abord question que d'en retrancher une partie, ainsi que nous l'apprend une lettre de M. de la Chapelle-Bessé, du 8 janvier 1694, à M. de Villacerf, surintendant des bâtiments :

« Suivant vos ordres, Monsieur, j'ay parlé en particulier à MM. Jans et Lefebvre, et après leur avoir expliqué l'état présent de la maison des Gobelins, il m'en ont paru touchez comme je l'ay esté moi-même, plustôt par rapport à quarante familles de pauvres ouvriers qu'ils font subsister dans les ouvrages du roy, qu'à leurs propres intérêts, mais enfin ils se soumettent à tout ce que Sa Majesté veut et à ce que vous ordonnez, et ils se sont chargés de faire un rolle de ceux qu'ils croyent qu'on doit retenir *en réformant le tiers du total...* Ils m'ont fait une proposition qui me paroist fort raisonnable ; ils disent qu'ayant une entière confiance en la bonté du roy et en vostre protection, ils aiment mieux conserver encore tous leurs ouvriers pendant le premier quartier entier de la

raccomodés, de 1687 à 1692 par Fontenay, Houasse, Bonnemer, Desportes et Yvart, *pour faire en tapisserie.*

(1) « Du 3 avril 1695.

« Au sieur Coypel peintre 11 c. ₶ pour avec 23,800 ₶ qui lui ont esté ordonnez, sçavoir : 1,700 ₶ en 1684, 600 ₶ en 1685, 2,000 ₶ en 1686, 3,800 ₶ en 1687, 1,900 ₶ en 1688, 4,100 ₶ en 1689, 2,000 ₶ en 1690, 3,000 ₶ en 1691, 2,000 ₶ en 1692, 1,500 ₶ en 1693, 900 ₶ en 1694 CL ₶, le 3 janvier dernier, et 150 ₶ le 7 mars ensuivant, faire le parfait payement de 24,000 ₶ à quoy montent les huit tableaux d'arrabesques qu'il a peints, d'après Raphaël, pour faire en tapisserie aux Gobelins, cy . . . . 200 ₶.

(Extrait des Comptes des bastiments du roy.)

présente année que de les renvoyer en un temps misérable comme celui-cy, dans une saison rude et cruelle, où ils mourroient sur le pavé de Paris avec leurs enfans ; ces maistres veulent bien faire cette avance... Enfin on gagnera du temps et peut-estre que le temps mesme donnera d'autres expédients. Je leur ay fort recommandé le secret, jusqu'à ce que j'aye reçu la reponse à vos ordres. »

L'expédient ne fut autre que la fermeture des ateliers, en avril 1694 : 21 ouvriers durent s'engager dans l'armée française ; 23 se rendirent en Flandre, leur pays natal, et une autre partie à Beauvais, où le sieur Béhagle, directeur de la manufacture, fondée dans cette ville en 1664, l'employa pendant quelques années aux tapisseries qu'il faisait pour le roi et pour le commerce.

Cette interruption totale des travaux, la seule que la manufacture ait éprouvée depuis sa fondation, fut toutefois de courte durée.

« Quoique la manufacture des Gobelins ait cessé à cause de la guerre, les maîtres ne laissent pas que de faire travailler à leurs dépens, pour conserver leurs bons ouvriers ; le roy a commandé, depuis peu, trois morceaux de tapisseries pour Trianon, que l'on va faire incessamment (1). »

Il était réservé à Jules Hardouin Mansart, nommé en 1699 surintendant des bâtiments, arts et manufactures du royaume (2), de rendre ces dernières à toute leur activité :

---

(1) Extrait d'une note de M. de Villacerf adressée à M. de Pontchartrain (1696). Les tapisseries dont il est fait mention étaient des arabesques, d'après Noël Coypel.

(2) M. Mansard presta serment à la chambre des comptes, au commencement de ce mois (février 1699), en qualité de surintendant des bastiments, avec les mesmes honneurs qu'on avoit fait à MM. Colbert, de Louvoys, de Villacerf... Quelques jours après, MM. de l'académie royale de peinture et de sculpture s'estant assemblés, résolurent, tous d'une voix, de le choisir pour leur protecteur et de le faire succéder, par cette nomination, à M. le cardinal

dans cette même année, Jans fils, Lefebvre père et fils, chefs d'ateliers de haute lisse, fabriquent quatre-vingt-dix-sept aunes et demie de tapisserie, d'une valeur de 53,503 # 5 ſ 11 ₰ ;

Les sieurs de la Croix père et fils, Souette et de la Fraye, chefs d'ateliers de basse lisse, deux cent quatorze aunes et demie carrées, d'une valeur de 25,701 # 11 ſ 3 ₰.

L'organisation de la manufacture se complète par la nomination d'un peintre inspecteur, le sieur Mathieu, de l'académie de peinture (1), obligé à résidence et chargé de suivre l'exécution des tapisseries, sans préjudice toutefois de l'ancien mode d'inspection toute bénévole exercée par les peintres dont on reproduisait les ouvrages. C'est à ce dernier titre que Baptiste Monnoyer, Yvart père et fils, Verdier, Martin, et, jusqu'à ces dernières années, nombre de peintres de l'école française ont quelquefois reçu le nom d'*inspecteurs*.

Robert de Cotte, architecte ordinaire et contrôleur des bâtiments du roi, est, à la même époque, nommé directeur particulier des manufactures royales (2).

Mazarin, à M. de Colbert, à M. de Louvoys, à M. de Villacerf qui ont été successivement protecteurs de cette académie, depuis son érection. (Mercure de France.)

(1) Les comptes des bâtiments du roi font ainsi mention, pour la première fois, du sieur Mathieu :

« Du 16 aoust 1699.

« Au sieur Mathieu, inspecteur aux Gobelins, vi c. #, appointements des 6 premiers mois 1699, à 1,200 #, ci. . . . 600 #. »

(2) L'édit de Louis XIV (janv. 1712), pour la restauration de la Savonnerie, confirme Robert de Cotte dans les fonctions de directeur pour cette manufacture :

« ... II. Sera ladite manufacture et dépendances d'icelle administrée par les ordres de notre très cher et très amé Cousin, le duc d'Antin, pair de France, directeur général de nos bastimens et ses successeurs en ladite charge, dont la conduite particulière appar-

Sous cette administration, et pendant celle du duc d'Antin, successeur de Mansart (1708 à 1736), les Gobelins se bornent à reproduire les tentures composées dans la période précédente : les *fructus Belli* (1), l'histoire de Psyché, les actes des apôtres, la tenture du Vatican, les arabesques d'après Raphaël, les mois, les saisons, les éléments, les enfants jardiniers, les batailles d'Alexandre d'après le Brun, la tenture indienne.

Quelques portières et la suite de l'histoire de Louis XIV, par Martin et Le Comte, interrompent seuls ce travail monotone contre lequel protestent de temps à autre la direction intérieure et les chefs d'ateliers. Les modèles, noircis par le temps et l'usage, mis en lambeaux par le travail de la basse lisse (2), n'étaient plus qu'une sorte de lieu com-

tiendra au sieur de Cotte, notre premier architecte, pour faire les desseins et les faire exécuter correctement, et la réception des ouvrages sera faite suivant la déclaration du 7 juin 1708. Le contrôleur de nos bâtiments, au département de Paris, aura soin de tenir un état ou rolle des ouvriers et élèves que les maîtres auront sur leurs ateliers, pour empêcher la fuite et désertion desdits ouvriers et la mutation d'un maître à un autre, sans ordre, source de leurs désunions et mésintelligences... »

(1) Les *Fruits de la guerre*, en huit pièces, de 4 aunes 2/16 de haut sur 55 aunes 9/16 de cours, savoir : « une prise de ville, la bataille, le festin, le triomphe, la petite guerre, l'incendie de Troyes, les contributions, l'empereur sur son trosne. »

Pour en faire les modèles on avait copié les tapisseries données au cardinal Mazarin par don Louis de Haro, ministre plénipotentiaire d'Espagne, après les conventions relatives au mariage de Louis XIV, à Saint-Jean-de-Luz.

(2) Les tableaux, divisés en bandes de 90 centimètres environ de largeur, se plaçaient sous la chaîne du métier de basse lisse et y restaient pendant toute la durée du travail nécessaire pour les reproduire en tapisserie.

Dans la haute lisse, on appliquait les tableaux sur la chaîne pour en calquer directement les contours, ce qui les brisait en tout sens. En 1737, on fit disparaître ces inconvénients en substituant au tamun, lorsqu'en 1733 le duc d'Antin ordonna une nouvelle tenture, les chasses de Louis XV, d'après Oudry, et chargea ce peintre d'en suivre lui-même l'exécution.

Cette unique tenture, en sept pièces (1), résume toute l'œuvre accomplie pour la prospérité de la manufacture, pendant une gestion de 18 ans, bienfait compensé d'ailleurs par l'abandon et la chute totale de l'académie de dessin. Le premier soin du contrôleur général des finances Orry, en 1736, fut de rétablir cette école, à la tête de laquelle il mit le peintre Le Clerc (2), et de faire exécuter de nouveaux modèles de tentures par de Troy (3), Restout,

bleau, dans les deux cas dont on vient de parler, un calque sur papier dioptique ou transparent, innovation due en grande partie à un habile tapissier, le sieur Neilson, depuis chef d'atelier de basse lisse (de 1749 à 1788).

(1) Voici les noms et les sujets de ces tapisseries : « la veue de Compiègne, les roches de Fontainebleau, le rendez-vous au puits du roy, le limier, le relai, la Muette, l'étang de Saint-Jean. » Sur ces sept pièces, *quatre seulement* avaient été exécutées sous le duc d'Antin.

(2) Ancien professeur de l'*académie* des Gobelins, membre de l'académie en 1751 ; mort aux Gobelins le 29 juin 1763.

(3) De Troy a composé : 1° l'histoire d'Esther, en sept pièces : la toilette d'Esther, le repas d'Esther à Assuerus et à Aman, l'évanouissement d'Esther, le repas d'Esther, le dédain de Mardochée envers Aman, le couronnement d'Esther, le triomphe de Mardochée, Aman arrêté par ordre d'Assuerus ; 2° l'histoire de Jason et de Médée, en sept pièces : Jason engage sa foi à Médée, Jason arrête la fureur des taureaux, Jason enlève la toison d'or, les soldats nés des dents du dragon, Jason épouse Crëuse dans le temple de Jupiter, Crëuse consumée par la robe empoisonnée, fuite de Médée.

Ces deux tentures, souvent répétées aux Gobelins, ont été données à plusieurs souverains étrangers : celle d'Esther meuble, dans le château de Windsor, la chambre d'audience et la chambre de présence de la reine.

La tenture de Jason et de Médée décore la salle de bal du même château. Toutes ces tapisseries sont d'une parfaite conservation.

Jouvenet (1), Charles Coypel, C. Van Loo (2), Natoire (3), Colin de Vermont (4)...

Desportes eut ordre de refaire les modèles complétement usés de la tenture indienne ; ce ne fut pas, comme il le dit lui-même, une simple copie :

« Je prends la liberté de donner avis à Vostre Grandeur que mon second tableau de la tenture des Indes, plus long de six pieds que le précédent, sera en état d'estre vu vers le milieu de cette semaine. Quoy que vous m'ayé fait l'honneur de me dire en voyant le premier que vous vous en reposié sur moy pour le reste, il me semble qu'il ne doit pas vous estre indifférent de juger par vos yeux si je continue bien d'éviter de tomber dans le deffaut de simple copie qu'on avait tasché de vous faire craindre pour moy; tant qu'il plaira à vostre Grandeur de m'onorer de ses ordres, je seray attentif, autant qu'il me sera possible, à tascher de mériter son approbation, et à ne rien faire d'indigne de ma petite réputation, l'un et l'autre m'estant aussi chers que l'honneur d'estre avec un très-profond respect,

« De Vostre Grandeur,

« Le très-humble, etc.

« DESPORTES (5).

« Ce dimanche matin 15 décembre 1737. »

(1) On doit à Restout et à Jouvenet huit scènes du nouveau Testament composant une seule tenture : le baptême de Notre-Seigneur, Jésus-Christ lave les pieds à ses apôtres (par Restout), le repas chez le pharisien, les vendeurs chassés du temple, la cène, la résurrection de Lazare, la pêche miraculeuse, la guérison des malades (par Jouvenet).

(2) Vanloo (Carle) a peint pour les Gobelins : Thésée domptant le taureau, Neptune et Amimone, un tableau d'enfants.

(3) Natoire a peint pour tapisseries : l'arrivée de Cléopâtre en Sicile, le repas de Cléopâtre et de Marc-Antoine, le triomphe de Marc-Antoine.

(4) Colin de Vermont a peint : Roger chez Alcine.

(5) M. Orry a écrit en marge de cette lettre :

« Luy marquer qu'il sera bon que le roy voye son tableau, qu'à

Les modèles de la tenture indienne (1) ont eu un privilége dont les annales de l'industrie n'offrent sans doute pas un second exemple, celui d'avoir été employés sans interruption dans les mêmes ateliers (ceux de basse lisse des Gobelins) pendant 140 ans. La première pièce de cette tenture a été exécutée vers 1690, et la dernière, partie en basse lisse, partie en haute lisse, de 1825 à 1830.

Charles Coypel, chargé de suivre le travail des tapisseries dont il avait fourni les modèles, écrivait, de son côté, à M. Orry :

« Monseigneur,

« J'ay l'honneur de vous rendre compte de la visite que je fis aux Gobelins, lundy 22 de ce mois. Je vis la figure d'un petit amour qui embrasse les genoux de Renaud, auquel il ne manque plus que la tête et les pieds d'Armide qui me parurent d'un ton de couleur beaucoup au-dessus de ce que j'avais vu cy-devant. Je témoignay ma satisfaction aux tapissiers, en les priant de me donner souvent occasion de vous dire du bien de leurs ouvrages, et en leur représentant que rien n'estait si cruel, pour un galant homme, que de porter des plaintes contre des gens auxquels il voudrait rendre service...

« Ils me parurent, Monseigneur, parfaitement disposés à faire de nouveaux efforts pour me donner occasion de vous rendre d'eux des témoignages favorables...

cet effet, il faut que le sieur Bailli le fasse transporter à Versailles, la veille du jour de Noël, pour estre exposé le matin du jour de Noël, dans le grand appartement. Je compte qu'il se rendra à Versailles aussi le mesme jour. Donner ordre, en conséquence, au sieur Bailli. »

(1) Ceux de Desportes, dits *des nouvelles Indes*, se composaient de huit pièces : le combat des animaux, le chameau, le chasseur, le cheval rayé ou le zèbre, les taureaux, les pêcheurs, le roi porté par deux maures, l'indien à cheval.

« Que ne m'est-il possible, Monseigneur, de vous faire des remerciements de l'ordonnance que je viens de recevoir pour le tableau de la destruction du palais d'Armide? Je prendrois cette liberté, si je ne craignois de passer dans votre esprit pour un courtisan outré; j'aurois beau vous dire tout le mal que je pense de mes ouvrages, je ne vous persuaderois jamais qu'une ordonnance de 2,000 ₶ put estre regardée comme un payement avantageux d'un tableau de 19 pieds de long qui est l'ouvrage d'une année. Ce que je puis faire de mieux, en ce cas-cy, c'est de vous assurer que rien ne peut ralentir mon zèle, ni diminuer le noble désir que j'ay de vous prouver le profond respect avec lequel je suis.

« Votre, etc.

« COYPEL.

« Ce 26 décembre 1738. »

Le prix payé pour la *destruction du palais d'Armide* était, en effet, minime; mais, à la décharge du directeur général, il faut dire qu'une concurrence un peu vive entre les peintres capables de produire ces sortes de compositions en avait fait exagérer le bon marché : M. de Troy, notamment, pour écarter des prétentions rivales, avait offert de travailler à un prix si bas, qu'il n'était plus possible à ses compétiteurs, moins expéditifs et d'un pinceau moins facile, de faire, à de telles conditions, autre chose que de simples ébauches, résultat contre lequel s'élevait avec raison Coypel (1) :

« ... Je prends la liberté de vous supplier, Monseigneur, de trouver bon que je ne travaille qu'autant que je seray entrainé par la force de l'imagination; je ne puis traiter la peinture autrement. Je veux tâcher de vous donner de bonnes choses, et les bonnes choses ne se font pas à tout instant; je plains le sort de ceux qui le croyent ou qui sont obligés de

____

(1) Lettre de Coypel à M. Orry, du 8 février 1739.

produire tous les jours, et qui se trouvent dans la malheureuse nécessité de promettre du beau, à jour nommé, ainsi qu'on promet un habit. Enfin, Monseigneur, si vous me permettez de dire ce que je pense de la peinture, je l'adore comme occupation, je la déteste comme profession. Cet aveu que je prends la liberté de vous faire vous engage encore plus à ne me rien passer. On doit moins pardonner de fautes à celui qui ne s'occupe que dans l'espérance de produire du beau qu'à ceux qui sont obligés de travailler pour acquérir l'utile... »

Le crédit de Ch. Coypel auprès de M. Orry et de son successeur, M. de Tournehem, ne put faire rétablir à un taux convenable le prix des modèles pour la manufacture des Gobelins, qui pendant une certaine période n'en eut guère d'autres que ceux qu'il fit lui-même (1).

Pour exciter, à ce sujet, l'émulation parmi les peintres, il avait imaginé de commander deux tableaux pour chaque composition : un modèle en petit, de la main du maître, et un grand tableau copié sur le premier par ses élèves.

(1) Rodogune et Cléopatre (scène de théâtre), Roxane et Attalide, Hercule ramenant Alceste à Admète, Psyché abandonnée par l'Amour, le sommeil de Renaud, l'évanouissement d'Armide au départ de Renaud, la destruction du palais d'Armide ; 21 sujets de l'histoire de don Quichotte :

Don Quichotte conduit par la folie, don Quichotte suspendu à la grille de l'hôtellerie, don Quichotte armé chevalier, don Quichotte étonné à la vue des enchanteurs, don Quichotte se battant contre une outre, la conquête de l'armet de Mambrin, le combat des Marionnettes, Sancho à cheval sur le bât, don Quichotte au château de la Prudence, rencontre de don Quichotte et de la duchesse, don Quichotte servi par les dames, la princesse Micomicon aux genoux de don Quichotte, don Quichotte combattant la tête enchantée, le Chevillard, don Quichotte au bal de don Antonio, chasse de don Quichotte, don Quichotte blessé par un chat, Sancho nommé gouverneur, le repas de Sancho dans l'île de Baratario, le triomphe de Sancho, les noces de Gamache, plus un modèle de canapé dont le motif central représente Dulcinée vannant du blé.

« ... C'est le tout ensemble, disait-il, plus encore que les détails, qui constitue la beauté des tapisseries ; le tapissier en chef, dont le principal objet est de conduire le tout ensemble, ne seroit-il pas plus à portée d'indiquer les tons convenables à chaque objet particulier, lorsqu'il auroit toujours devant les yeux le petit tableau original, qui lui offriroit l'effet entier de ce qu'on appelle la machine ? Car enfin, lorsque le grand modelle est roulé (1), il ne peut en voir à la fois qu'une partie, il faut qu'il devine le reste ; et comment encore voit-il cette petite partie, puisqu'elle est obscurcie par le métier sur lequel est montée la tapisserie qu'on fait ?...

« Pour le bien de la peinture, on peut ajouter à ce qu'on vient de dire, que si Monsieur le directeur général des bâtiments ordonnoit ces grandes copies faites sous la conduite des auteurs, il feroit naistre des occasions favorables pour les élèves qui, vivement exercés par de pareils ouvrages, acquéreroient la facilité de peindre en grand...

« Il paroistroit donc nécessaire de peindre en petit plutôt qu'en grand les tableaux destinés à être exécutés en tapisserie, pour ne donner aux tapissiers que de grandes copies faites sous les yeux du maître, retouchées par lui, s'il en est besoin...»

Cette proposition, approuvée en 1746 par le directeur général, n'eut pas d'autre résultat :

« ... Chacun sentit que c'était faire deux tableaux au lieu d'un, et avec l'ennui de se répéter. En effet, un habile homme ne peut hazarder sa reputation au point de laisser paroistre publiquement un grand tableau, et surtout pour la manufac-

---

(1) Un rouleau fixé derrière l'ouvrier, à l'une des parois de l'atelier de tapisserie, servait autrefois à suspendre le modèle à la hauteur voulue pour la reproduction successive de toutes ses parties, procédé qui n'était pas sans inconvénient pour la conservation des tableaux et surtout des toiles anciennes ; M. le baron des Rotours, l'un des derniers administrateurs des Gobelins, a très-heureusement modifié cet état de choses, en établissant derrière chaque métier une fosse où l'on fait, autant que de besoin, descendre le tableau qui reste fixé sur son chassis, et qui ne subit ainsi aucune détérioration.

ture, avec toutte la foiblesse qui se trouve dans les meilleures copies; s'il veut éviter ce désagrément, il faut qu'il le repeigne tout entier, ainsy cet arrangement étoit encore plus onéreux pour les artistes. De plus, les entrepreneurs de la manufacture en furent très allarmés... s'ils ont bien de la peine à produire de belles choses, en suivant, pied à pied, un excellent original : que seroit-ce s'ils n'avoient plus que des copies? Ils y envisageoient la chute entière de la manufacture, et il y a touste vraisemblance à le penser... (1). »

Ces mêmes entrepreneurs et les peintres chargés de suivre leurs travaux n'avaient pas toujours eu des idées communes sur le beau en matière de tapisserie, ainsi que l'atteste la correspondance d'Oudry, inspecteur depuis nombre d'années aux Gobelins, en même temps que directeur et entrepreneur de la manufacture de Beauvais.

« ... Nous avons vû un tems, écrit-il au directeur général (11 mai 1748), où l'abandon des principes de l'art... a porté de fâcheuses atteintes à sa reputation (de la manufacture des Gobelins), où le malheureux terme de *coloris de tapisserie* accordé à une exécution sauvage, à un papillotage importun de couleurs âcres et discordantes ayant séduit jusqu'au premier supérieur, étoit substitué à la belle intelligence et l'harmonie qui fait le charme de ces ouvrages, aux yeux instruits comme aux autres, et où la partie de la correction n'étoit pas moins négligée que celle de ce bel accord.

« L'erreur d'où naissoit cette défectuosité subsistera toujours, tant que l'on ne formera pas l'ouvrier à l'application de ces principes qui seuls peuvent produire le vrai beau.

La résistance qu'ont trouvé de ce côté tous nos habiles maistres, auteurs des tableaux qui ont été exécutés aux Gobelins, depuis une trentaine d'années (2), montre combien l'on y est

(1) Extrait d'un mémoire présenté en 1775 à M. de Marigny, par les imprimeurs des Gobelins Audran, Cozette, Neilson.

(2) Oudry ne remonte pas assez haut : l'examen attentif de ce qui s'était passé avant son inspection et des anciens produits de la manufacture, l'eût convaincu que le fait dont il se plaignait n'avait

encore éloigné de la connoissance et du goût de ces principes: résistance qui a été telle qu'aucun d'eux n'a pu y tenir. Tous se sont trouvés éconduits par l'ouvrier, *sur des prétendues raisons de fabrique*, qui n'ont servi qu'à leur faire voir que le mal étoit sans remède, sans le secours de l'autorité, et les ont laissé dans la douleur et le découragement de voir exécuter leurs ouvrages, avec des non valeurs des plus humiliantes pour eux. Si vous avez entendu, Monsieur, sur ce point, nos maîtres vivants, vous sçavez combien ils en sont pénétrés de déplaisir... Feu M. le duc d'Antin m'ordonna, en 1733, de prendre, en ladite manufacture, la conduite des ouvrages qui s'y exécutoient d'après mes tableaux. M. Orry, en 1737, me commanda de continuer ce soin; et peu après me le fit étendre à la tenture de l'histoire d'Esther, d'après M. de Troy. Vous sçavez ces faits, Monsieur, vous connaissez cette tenture, elle forme une preuve frappante de mes succès, en cette occasion.

« Ces succès furent dûs particulièrement à la docilité que je trouvai alors dans les ouvriers, et à la parfaite conciliation avec laquelle leurs chefs voulurent bien s'assujettir à l'application *des véritables règles de l'art*, et à donner à leurs ouvrages *tout l'esprit et toute l'intelligence des tableaux*; *en quoi seul réside le secret de faire des tapisseries de première beauté.*

« Nulle altercation entre nous, pendant ce tems, nulle difficulté sur la part que je pouvois avoir dans l'exploitation d'une manufacture inférieure (1). Ce n'est que depuis peu qu'il paroît être survenu quelque changement dans ces dispositions si convenables au bien du service: depuis qu'il vous a plu, Monsieur, de m'honorer de vos ordres, et de donner à ces ordres une étendue plus générale (2).

« Comme vous vous expliquâtes, Monsieur, au sujet de ces ordres, à Messieurs les entrepreneurs, en ma présence, j'ai

rien d'exceptionnel, et que le terme de *coloris de tapisserie* devait s'appliquer à toute l'ancienne fabrication.   A.-L. L.

(1) La manufacture de tapisseries de Beauvais.

(2) Oudry remplissait exactement, sans en avoir le titre qui n'était pas encore inventé, les fonctions de *sur-inspecteur*. Il y avait en outre, aux Gobelins, un inspecteur obligé à résidence, le sieur Chastelain (1732 à 1755), qui avait succédé au peintre Mathieu.

regardé comme un devoir indispensable de les exécuter avec toute l'exactitude dont je suis capable ; je me suis transporté aux Gobelins, tous les lundi ; j'y ay tenu la même conduite que par le passé, me renfermant dans les seuls enseignements relatifs à mon art, sans m'arroger aucune domination ni supériorité. A chaque visite que j'y ay fait, j'en ay rendu compte à M. d'Isle (1), et dans le plus juste détail ; et j'ai lieu de croire qu'il était satisfait de ma manière de procéder... » — « ... On ne peut disconvenir, disaient, de leur côté, les chefs d'atelier, que ce ne soit à l'entrepreneur à conduire ses propres ouvrages ; personne ne peut avoir une connoissance plus exacte que lui de ce qui est nécessaire pour les porter à leur perfection ; et supposé qu'il ait besoin de conseil, il lui est toujours aisé de s'aider de celui des plus habiles peintres d'histoire.

« Bien peindre et bien faire exécuter des tapisseries, sont deux choses absolument différentes... Ce ne sont point des termes de peinture dont il faut se servir avec les ouvriers ; *il faut leur parler également, en termes clairs, sur la tapisserie comme sur les tableaux, et avec connoissance sur ledit métier*, et c'est à nous de leur tenir ce langage, en suivant l'avis du peintre dont nous exécutons le tableau... Il y a au garde-meubles de la couronne d'anciennes tentures exécutées sous la conduite des seuls entrepreneurs qui étoient alors les sieurs Jans, Lefebvre, Leblond père et Lacroix ; elles étoient pour la couleur, *du ton dont les tapisseries doivent être, étant plus colorées que les tableaux ;* elles ont résisté à l'air, au temps, et sont encore dignes de l'admiration qu'elles ont excitée lorsqu'elles ont été faites, nommément celles des arabesques de Raphaël que vous avez vû, dans les magasins du roy (2).

(1) Directeur particulier des manufactures royales de tapisseries, architecte et intendant des bâtiments du roi, M. d'Isle avait succédé à M. de Cotte fils, en 1740.

(2) Il s'agit ici de la tenture dont les modèles avaient été exécutés par Noël Coypel, de 1784 à 1795. Il existe, au garde-meuble et aux Gobelins, quelques-unes de ces tapisseries dans un état très-satisfaisant de conservation, et qui, encore aujourd'hui, justifient de tout point l'assertion des entrepreneurs.

« On a travaillé à Beauvais, depuis, on y a exécuté des tentures, sous la conduite du sieur Oudry; que sont-elles aujourd'huy? quel air de vieillesse n'ont-elles pas au bout de six ans?... Il ne suffit pas, pour estre en état de conduire une manufacture, d'avoir la théorie, mais il faut avoir pratiqué pendant de longues années; aussi s'apperçoit-on aisément que ce qui sort de ses mains n'est pas de longue durée... On a fait couper tout récemment, sur une pièce de M. Coipel, la teste d'Armide dans l'hatelier du sieur Monmerqué, la seconde a esté conduite sous les yeux du sieur Oudry, et cette seconde a esté trouvée mal faite, avec vérité, par M. Coipel même; nous ne pouvons ignorer que la première étoit mieux, ce qui ne prouve que trop le peu de connoissance du sieur Oudry pour cette partie... »

Les mêmes tapisseries étaient ainsi admirées ou critiquées, selon les points de vue divers du fabricant et du peintre : celui-ci voulait le ton juste du modèle ; ceux-là, pour la conservation des tentures et pour le maintien à un taux modéré de leur prix de revient, voulaient *le coloris de tapisserie* : on comprend, en effet, que l'abandon de l'ancien mode de fabrication livrait, sous ce rapport, le fabricant et l'ouvrier aux exigences croissantes de l'art et à toutes les chances de l'inconnu. C'est là ce qui ressort du débat, indépendamment de toute question de personnes.

En marge de l'un des mémoires adressés à ce sujet au directeur général (1748) se trouve cette apostille de la main de M. de Tournehem :

« A Monsieur d'Isle ,

« Il me paroît nécessaire de rassurer les entrepreneurs, *sans rien changer à l'état présent*. Je laisse à Monsieur d'Isle, sur ce que nous avons dit ensemble, de faire agir en cette occasion sa prudence. »

Et plus bas, de la main de Monsieur d'Isle : « Je feray de mon mieux pour exécuter les ordres de Monsieur et suivre son intention. »

Ce directeur ne fut sans doute pas heureux dans sa négociation, car, en 1754 (le 30 juin), un ami d'Oudry, le graveur Lépicié, écrivit à M. de Vandières (1), alors directeur général des bâtiments du roi :

« ... Je sai que plusieurs de ceux qui sont à la tête des ateliers de la manufacture des Gobelins n'y paraissent que rarement le jour que M. Oudry y vient faire sa visite, et que cet habile homme, le plus souvent, ne peut dire son avis qu'à des ouvriers qui n'osent le répéter à leurs supérieurs, dans la crainte de les indisposer contre eux.

« Ce manquement étant formellement opposé à vos intentions et au bien du service, je crois, Monsieur, que vous pourriez remédier aux suites dangereuses de ce procédé, en donnant un ordre précis à tous les tapissiers de s'y trouver, sans aucune exception. Je pense même que c'est là le seul moyen de les remettre dans la voie du bon goût dont ils s'écartent *par un travail purement de routine qui ne rend ni le ton juste*, ni la correction du tableau qu'ils ont à exécuter...»

L'ordre sollicité fut immédiat et conçu en ces termes :

« Paris, ce 30 juin 1754.

« M. Oudry se plaint, Messieurs, que vous êtes rarement présents à ses visites d'ouvrages de la manufacture; il importe cependant au bien du service et à la décence que vous y assistiez. Les lumières d'un bon artiste peuvent vous être d'une grande utilité, et quoique votre capacité me soit connue, vous devez à sa place et à son habileté l'attention de le consulter et de l'entendre.

« Je suis, etc.　　　　　DE VANDIÈRES. »

La mort de l'une des parties put seule mettre fin à ce

(1) M. de Vandières avait succédé à M. de Tournehem en novembre 1751. Il prit, en 1755, le titre de marquis de Marigny, et conserva ses fonctions de directeur général jusqu'en 1773.

profond dissentiment ; le peintre Boucher, successeur d'Oudry (1), réunit tous les suffrages.

« La satisfaction que nous ressentons de la nomination de M. Boucher, au lieu et place du feu sieur Oudry, écrivent les entrepreneurs au directeur général (2), nous est trop agréable, Monsieur, pour ne pas vous en marquer notre sincère reconnaissance ; il nous a dit qu'il avait refusé les offres avantageuses qui lui ont été faites de la part des directeurs de la manufacture de Beauvais, pour s'attacher entièrement à nous : au moyen de quoy, nous marcherons tous d'un pas égal, sans aucun sujet de jalousie, et ne lui cacherons rien de la manutention de nos ouvrages et des différentes difficultés dont l'art de la tapisserie est susceptible ; le tout pour parvenir ensemble au plus haut degré de perfection où il nous soit possible d'atteindre, et cela pour seconder les vues qui vous font agir, Monsieur, pour le soutien de notre manufacture, et notre bien personnel. »

M. de Marigny répond :

« A Compiègne, le 3 juillet 1755.

« J'ai vu avec plaisir, Monsieur, par votre lettre du 21 du mois passé, celuy que vous ressentés du choix que j'ay fait de M. Boucher pour inspecteur des ouvrages de la manufacture des Gobelins ; en lui donnant cette place, j'ay compté que la mutuelle communication de ses lumières et des vôtres ne manqueroit pas de porter la tapisserie à ce degré de perfection que nous désirons tous, et j'attends cet effet de votre mutuel concours... Je luy ay écrit que je comptois aussi sur ses ouvrages, qu'il les verroit exécuter (aux Gobelins) avec plus de précision qu'ils ne l'ont été ailleurs (3). Enfin que lorsque les autres peintres donneront des tableaux à la manu-

____

(1) Oudry est mort le 30 avril 1755, âgé de 69 ans.
(2) Le 21 juin 1755.
(3) A la manufacture de Beauvais.

facture, ceux-cy auront la liberté d'aller les voir exécuter, de vous communiquer leurs sentiments, sans que pour cela il puisse regarder, comme une atteinte portée à sa place, la visite et les conférences que vous aurés avec eux... »

Ces instructions furent-elles de part et d'autre fidèlement exécutées? c'est ce que nous ne pouvons affirmer. Des témoignages contemporains établissent d'ailleurs que, pour Boucher (1) et pour son successeur immédiat, Noël Hallé (nommé en 1770), l'inspection des Gobelins fut moins une fonction réelle qu'un titre et une récompense. L'influence décisive sur les travaux d'art appartint en réalité à l'école tout entière représentée dans cet établissement, de 1755 à 1781, par ces deux peintres et par Amédée Van Loo (2), Lagrenée aîné, Lagrenée jeune, Doyen, Brenet, Beaufort, Lepicié, Jollain, Jeaurat (3), Jacque, peintre d'ornements et de fleurs, Pierre, Renou, Belle, inspecteur des Gobelins, nommé en 1755, en remplacement du sieur Chastelain. Ces peintres ne fournirent pour la plupart que des tableaux isolés, sans rapport de style ou de composition avec leur destination ultérieure, comme

---

(1) Boucher a peint pour la manufacture : 1° Neptune et Amimone, Venus aux forges de Vulcain, Vertumne et Pomone, l'Aurore et Céphale, Venus sur les eaux. Ces cinq tableaux, de forme ovale, s'ajustaient dans un entourage de fleurs et d'ornements; 2° la pêche, les diseurs de bonne aventure, Psyché et l'Amour, Aminthe et Sylvie, les confidences ou le secret ; 3° et plusieurs petits tableaux représentant des amours, des jeux d'enfants, les génies des arts, etc.

(2) On doit à Amédée Van Loo, dit Van Loo de Prusse, les modèles d'une tenture qui a été souvent répétée : le déjeuner de la sultane, la toilette de la sultane, le travail dans l'intérieur du sérail, la danse devant la sultane et plusieurs œuvres isolées.

(3) Jeaurat a composé, d'après les commandes particulières de l'entrepreneur Audran, deux tentures ; l'une en sept pièces de l'histoire de Daphnis et Chloë, l'autre en quatre pièces représentant des fêtes de village.

modèles de tapisserie (1). Soufflot (2), alors directeur des manufactures des Gobelins et de la Savonnerie, secondé par l'entrepreneur Neilson et par un célèbre mécanicien, introduisit dans la fabrique de basse lisse une grande amélioration ainsi expliquée par lui-même à **M. de Marigny :**

« En pensant à la basse lisse des Gobelins dont les progrès m'occupent, depuis longtemps, en examinant la construction des métiers, et réfléchissant sur les inconvénients que j'y trouve, il m'a paru qu'un des plus grands est la difficulté de voir l'ouvrage, à mesure qu'il se fait, parceque la chaisne étant tendue horizontalement, il faut non-seulement faire ôter la planche qui supporte les traits dessinés du tableau que l'on voit à travers cette chaisne et qui guide l'ouvrier, mais encore passer sous les métiers, pour examiner ce qui est fait. Cet examen ne peut se faire qu'imparfaitement ; l'examinateur est très-gêné et l'objet de l'examen fort mal éclairé, d'où il s'ensuit que l'on ne peut, pour ainsi dire, Monsieur, bien juger des défauts de l'ouvrage que quand la pièce est sortie du métier et qu'il n'est plus temps d'y remédier, tandis que, à la haute lisse, l'ouvrier travaillant à l'envers, comme celui de la basse lisse, a la faculté de voir à tous les instants, ou de faire voir sa production, du côté opposé, parce que la chaisne est tendue perpendiculairement, et par conséquent aussi le pouvoir de corriger, si il a erré, ou dans la nuance, ou dans le contour, aussitôt qu'il apperçoit la faute, ou que l'entrepreneur la remarque, simplement en passant devant le métier.

« J'entrevois des moyens de procurer à la basse lisse la faculté d'examiner souvent l'ouvrage, sans occasionner beaucoup de perte de temps à l'ouvrier ; il faudrait pour cela, Monsieur,

(1) Sous l'administration de M. de Marigny et de ses successeurs, les grands tableaux d'histoire achetés pour le roi aux expositions publiques de peinture, étaient envoyés aux Gobelins puis assortis, selon les sujets et les dimensions, pour en composer des modèles de tentures.

(2) Nommé en 1775 en remplacement de M. d'Isles, décédé le 12 décembre de la même année.

que les rouleaux qui contiennent la chaisne, au lieu d'être posés, comme ils le sont, sur des traverses fixes, fussent ajustés sur un chassis mobile... que le métier qui est horizontal put être mis en un moment presque perpendiculaire, et par conséquent dans une situation propre à examiner l'ouvrage, aussi bien qu'à la haute lisse; d'où il s'ensuivroit que si le manque de perfection ne vient, comme je le crois, en bonne partie, que de la difficulté qu'il y a à voir ce qui se fait, on parviendroit à faire d'aussi belles tapisseries, à deux cent trente livres l'aune, que celles qui en coûtent trois cent soixante (1); mais, comme je n'aime point, Monsieur, à m'en rapporter à mes propres lumières; j'ay songé à consulter quelqu'un plus habile que moy pour l'exécution de mes idées. J'avais d'abord pensé à M. Loriot, j'ay songé ensuite à M. Vaucanson... peut-être donneroit-il un moyen facile d'exécuter ce que je pense, et même dans des choses qui tendroient encore plus au bien de la manufacture; si vous approuvez, Monsieur, ce que j'ay l'honneur de vous proposer, j'iray le voir, et, selon ce que vous m'ordonnerez, je le prierai de me donner un jour pour aller avec moy aux Gobelins luy expliquer mes idées et profitter de ses conseils et de ses lumières.

« Je suis, etc.   « SOUFFLOT.

« Paris, le 29 may 1757. »

(1) Les motifs de cette différence de prix sont très-clairement exposés par M. Belle dans un mémoire du mois de décembre 1772. « ... Les métiers de haute lisse étant situés perpendiculairement, dit-il, l'ouvrier ne peut travailler que de la main droite, la main gauche luy servant uniquement à la recherche, séparation et croisure de ses fils. L'ouvrier de basse lisse, par la situation et construction de son métier posé horizontalement, a ses deux mains à luy, par le service de ses pieds qui forment, ainsi que pour le tisserand, la croisure de ses fils, qui se présentent sous sa main croisés et divisés, ce qui accélère considérablement son opération. 2° L'ouvrier de haute lisse copie son tableau, pour ainsi dire, à vue, n'ayant pour le conduire qu'une trace légère qu'il fait lui-même sur sa chaine, qu'il est obligé de vérifier souvent au compas dans les parties de sujession, ce qui luy prend un temps considérable sans

« ... Je consens, répond M. de Marigny, que vous voyez, de ma part, M. de Vaucanson, que vous consultiez ses lumières et que vous l'engagiez de vouloir bien aller, avec vous, aux Gobelins, pour luy expliquer vos idées et tirer avantage de ses conseils, en attendant que je puisse le voir moi-même et l'engager à nous aider des secours de sa mécanique lumineuse (1). »

Une seconde lettre de Soufflot (10 septembre 1757), sur le même sujet, nous apprend que Vaucanson ne prit que trois mois pour composer ce nouveau métier, le seul en usage encore aujourd'hui dans les ateliers de tapisserie de basse lisse (2).

« ... J'arrive des Gobelins, où j'ay passé la journée avec M. Vaucanson; nous y avons établi le nouveau métier de basse lisse, et, chose rare..., il a eu une approbation générale de tous les ouvriers de ce genre et de ceux même de la haute lisse. MM. les entrepreneurs en sont également satisfaits, et on le regarde comme l'époque de la perfection de la basse lisse; ceux qui la font répugnoient fort à mes idées, quand je la leur proposay...; ils m'asseuroient que si, depuis soixante ans, il y avoit eu quelque chose de mieux que les métiers actuels on l'auroit trouvé; je ne me suis pas rebuté ... Aujourd'huy, ils m'ont fait réparation publique et bien des remerciements; pour moy, j'en ay fait beaucoup à M. Vaucauson qui a bien voulu exécuter avec tant de perfection mes idées informes et y ajouter les siennes qui ont

avancer son ouvrage. 3° Les ouvriers de haute lisse perdent plus que la valeur d'un jour par semaine pour dévider leurs couleurs, et ceux de basse lisse reçoivent les leurs toutes dévidées et n'ont aucun temps à perdre avant de les employer... Ces raisons ont été plus que suffisantes pour faire la différence des prix des tarifs de haute lisse par comparaison avec ceux de basse lisse... »

(1) Lettre du 13 juin 1757.
(2) Ce mode de fabrication, réservé à la tapisserie pour meubles, n'existe plus aux Gobelins: les métiers perfectionnés par Vaucauson ont été transférés, en 1826, à la manufacture de Beauvais.

asseuré l'entière réussite; il luy est aussi doux qu'à moy , Monsieur, d'avoir eu cette occasion de seconder les vues que vous avez continuellement pour le bien des arts et des manufactures, à la teste desquels vous êtes... Nous ferons sur le premier (métier de ce genre) si vous le jugez à propos, une de vos quatre pièces (de tapisserie) ou même deux qui seront en parallèle avec celles que l'on travaille en haute lisse (1), et nous prouverons, à ce que j'espère, les progrès que l'on a faits dans la basse, soit par les soins et les talents de M. Neilson, à qui elle doit beaucoup, soit par les nouveaux métiers...»

Neilson méritait cet éloge, non-seulement pour sa part dans cette invention, mais encore pour ses services, depuis que M. de Tournehem l'avait chargé de conduire la fabrique de basse lisse, alors en complète décadence (1749) : les métiers, en mauvais état, étaient pour la plupart dépourvus du matériel nécessaire; par suite de l'inexécution des articles 6 et 7 de l'édit de 1667, portant qu'il sera formé des apprentis qui devront *être placés dans le séminaire du directeur*, l'administration s'était trouvée dans la nécessité de faire venir des ouvriers des manufactures de Flandre, de Beauvais ou d'Aubusson, la plupart sans talent et incapables d'en donner à des élèves. Cette décadence tenait, d'ailleurs, à une circonstance principale : les élèves de familles anciennement attachées à la manufacture des Gobelins se portaient presque tous vers la haute lisse, genre de fabrication supérieur, se prêtant infini-

---

(1) Ces quatre pièces de tapisseries ayant été exécutées, savoir : deux par Cozette père et Audran, entrepreneurs de haute lisse, et les deux autres par Neilson. M. de Marigny les fit placer dans son hôtel à Paris, et invita les plus habiles peintres et amateurs à donner leur avis. Il fut entièrement favorable à Neilson ; on trouva ses tapisseries aussi belles que celles qui avaient été fabriquées en haute lisse, et même d'une perfection plus grande dans les sujets délicats chargés de petits détails : les fleurs, les animaux à poils et à plume , etc.

ment mieux aux exigences de l'art, mais plus lent, beaucoup plus cher et, par cette raison, borné au seul établissement royal assez riche et assez protégé pour le conserver. On eût vainement cherché au dehors des ouvriers de *haute lisse*, tandis que rien n'était plus facile pour la *basse lisse* pratiquée à Beauvais, à Aubusson, en Flandre, en Espagne, etc.

Pour modifier cet état de choses, Neilson dut obtenir une première décision : savoir, que *tous* les élèves de la maison commenceraient leur apprentissage *dans la basse lisse* et sous sa direction ; il établit chez lui un *séminaire* de douze enfants qui, formés de bonne heure dans la pratique de cet art difficile et se succédant, selon le vœu du fondateur, sans interruption, les uns aux autres, dispensèrent la manufacture de se recruter au dehors en ouvriers médiocres ou incapables (1).

L'utilité de cette institution fut, il est vrai, contestée par les collègues de Neilson, et, plus tard (2), par l'administration elle-même qui crut devoir supprimer le *séminaire;* mais il en fut de cette mesure comme de la suppression,

(1) Jusque là, les ouvriers de basse lisse avaient eux-mêmes formé leurs apprentis, mais en très-petit nombre : « ... L'expérience, dit M. Belle dans son mémoire de décembre 1772 déjà cité, a démontré que cela a été un abus très-préjudiciable au bien de la manufacture que d'avoir abandonné la conduite des élèves aux ouvriers, puisque depuis l'établissement de la manufacture aucun de ces élèves n'a réussi, si ce n'est quelques fils d'ouvriers qui n'ont pu suffire au service, et que les autres, pour lesquels le roi a payé des sommes considérables, ou ont quitté le service, ou ont été renvoyés pour incapacité. La perte de ces ouvriers n'a pu être réparée qu'en acceptant des ouvriers qui sont venus du dehors, ce qui était un autre abus, mais indispensable pour satisfaire au service des ateliers de basse lisse. »

(2) Sous la direction de M. Pierre, premier peintre du roi, successeur de Soufflot en 1782.

à diverses époques, de l'*académie* ou école de dessin de la manufacture : dans l'un et l'autre cas, le principe posé par l'édit de Louis XIV était vital, et on dut y revenir.

Neilson rétablit aussi l'atelier de teinture, qui depuis nombre d'années périclitait entre les mains des successeurs inhabiles de Kercoven (1) ; sur la demande des trois entrepreneurs, M. de Marigny leur avait, en 1769, confié la direction de cet atelier :

« ... Après bien des recherches, dit M. de Montucla, secrétaire de la direction des bâtiments (2), les sieurs Neilson, Cozette et Audran, mais surtout le sieur Neilson, qui met dans la recherche de tout ce qui peut servir à son art beaucoup d'activité, ont trouvé un sieur Quemiset, homme instruit dans la chimie et dans la théorie de son art, qu'ils ont mis à la tête de leurs teintures.

« Ce n'a pas été sans consulter d'habiles gens, et en particulier M. Macquer (3), qui le connoit et qui fut étonné de l'étendue de ses vues, au point de le regarder comme un charlatan, mais qui lui rendit plus de justice après avoir causé avec lui sur la théorie de son art ; il est aussi connu de MM. Buquet, Mitouard et Beaumé.

« J'ai vû un mémoire de cet homme présenté à l'académie royale des sciences, sur la perfection de la teinture, qui m'a paru contenir beaucoup de vues, et M. Neilson m'en a communiqué un autre sur un grand et immense travail qu'il a entrepris et qui est même avancé, sur le même sujet ; c'est un tableau de toutes les couleurs et de toutes leurs nuances, avec une instruction sur la manière de les exécuter, en un grand nombre de planches, dont plusieurs sont faites au moyen des avances que lui a faites M. Neilson.

« Cet homme paroît être vraiement celui qu'on pourroit em-

(1) Ses petits-fils et après eux le sieur Cozette, parent de l'entrepreneur de ce nom.

(2) Dans un rapport adressé au directeur général en 1775.

(3) Célèbre chimiste, membre de l'académie des sciences, professeur de chimie au jardin du roi, né à Paris en 1718, mort en 1784.

ployer pour opérer, en se conduisant d'après les lumières de quelque chymiste éclairé, la révolution désirée dans la teinture des Gobelins ; car il a l'enthousiasme de son métier ; et s'il savoit qu'il y a à Berlin un homme qui a un procédé particulier pour une teinture qu'il ne sçait pas faire, il abandonneroit la manufacture pour y courir à pied, et apprendre son secret ; c'est même ce qui fait craindre au sieur Neilson que cet homme ne les abandonne quelque matin, et il désireroit fort qu'on pût l'attacher à la manufacture de manière à l'y fixer… »

La proposition ayant été agréée, Neilson père et fils poursuivirent, avec le concours de Quemiset, des expériences dont les remarquables résultats sont consignés dans le rapport de MM. Macquer, Soufflot et Montucla, dressé par ordre du directeur général, le 5 mars 1778 ; rapport dont nous extrayons ce qui suit :

« … L'intention de M. le comte d'Angiviller, en nous chargeant de l'examen dont nous venons de rendre compte, ayant été non-seulement de s'assurer du mérite des couleurs déjà faites par MM. Neilson et Quemiset, mais encore de connoître les avantages que la manufacture des Gobelins pourroit tirer, à l'avenir, de la continuation de leurs travaux sur les mêmes objets, nous devons icy ajouter les considérations suivantes :

« Il est certain que, dans l'état actuel de l'art de la teinture, il n'y a de procédés fixes et constants que pour un très-petit nombre de couleurs premières, simples ou réputées telles, comme sont le rouge, l'orangé, le jaune, le verd, le bleu, le violet, le noir et quelques autres, et que, jusqu'à présent, le nombre presque infini de couleurs composées formant la suite immense des gris ou des bruns participant, plus ou moins, des couleurs premières, a été fait, sans aucune règle, par le seul tatonnement et l'habitude des teinturiers.

« Il arrive de là que quand ils ont à assortir des couleurs composées, grises ou brunes, plus ou moins rougeâtres, jaunâtres, verdâtres, etc., ils sont dans une incertitude continuelle sur la nature, la quantité, l'intensité des couleurs simples qu'ils doivent employer; ils n'ont d'autre guide que leur routine qui conduit, *à peu près, ceux qui ont beaucoup d'habitude ;* mais il arrive souvent, même aux plus expérimentés, de manquer absolument le ton de couleur qu'ils ont à faire, et alors, ils n'ont d'autre ressource que de multiplier les tatonnements, en employant souvent un grand nombre d'ingrédiens colorans, de tout genre, ceux du plus mauvais teint, aussi bien que les plus solides; tout leur est propre pourvu qu'ils parviennent à bien rendre le ton de couleur qui leur est demandé.

« Il est inutile que nous insistions sur les inconvéniens de pareils procédés, dont les produits faits presque au hazard, quoique semblables, en apparence, n'ont souvent rien de commun dans leurs principes. Le plus considérable de ces inconvéniens, surtout pour une manufacture telle que celle des Gobelins, c'est que le parfait accord des couleurs en quoy consiste le plus grand mérite des chefs-d'œuvre qu'on y exécute, ne peut subsister longtemps, en sorte qu'un morceau qui, dans sa fraicheur, fait l'admiration de tous les connoisseurs, perd tout son mérite, au bout de quelques années, et devient même quelquefois rebutant, par une discordance très choquante... Les recherches de M. Neilson ont toutes pour but de trouver les moyens d'assurer la nombreuse suite de couleurs composées qui sont nécessaires au travail des tapisseries, de les rendre capables de conserver, malgré l'action de l'air, l'analogie et la gradation qu'elles doivent avoir entr'elles, et enfin de déterminer d'une manière constante, les procédés de teinture par lesquels on peut parvenir, à coup sur, et sans tatonnement, à teindre la laine et la soye de toutes les couleurs composées et les tons rompus qui s'employent dans ces tapisseries.

« Le plan que MM. Neilson et Quemiset ont suivi, dans ces recherches, déjà fort avancées, étoit *le seul* dans lequel on put espérer de réussir. Ils ont commencé par mettre en très bel ordre, dans un grand régistre, la suite très nombreuse de toutes les couleurs simples et composées qu'ils vouloient exécuter ; ils ont ensuite observé et déterminé, avec attention, le nombre et l'intensité de chacune des couleurs simples dont le mélange étoit necessaire pour produire chacune des couleurs composées et ont conservé des échantillons de ces couleurs principes ou premières dont resultoit la couleur mixte, en sorte que par la seule inspection de ces couleurs constituantes et de leur produit, on a sous les yeux ce qu'on peut regarder comme la dissection, l'anatomie, ou plustôt l'analise des couleurs composées. Ces procédés pour obtenir toutes ces teintes étant d'ailleurs bien constatés et inscrits en bon ordre dans les registres de MM. Neilson, sous les nos de chaque teinte (1), il est évident qu'il n'y en a aucune qu'on ne puisse exécuter, d'après ces registres, sans tatonnement et sans courir le moindre risque de la manquer, en ajoutant à cela que la pluspart des couleurs essentielles étant rendues plus solides par les nouveaux procédés de MM. Neilson et Quemiset, qu'elles ne le sont par les anciens, comme on le voit par les résultats de nos épreuves, *on peut dire que leur travail est le plus beau, le plus étendu et le plus nécessaire qu'on ait encore fait dans l'art de la teinture* (2). Il est même si essentiel, en particulier, pour la manufacture des Gobelins, qu'il est étonnant et facheux qu'on n'ait point pensé à l'entreprendre dès le commencement de son établissement. Nous croyons devoir conclure de ces faits et de ces considérations qu'il est de la plus grande importance que ce travail soit continué et suivi avec tout le soin qu'il mérite. »

« ... J'ai vu avec plaisir, écrivit le directeur général, après la lecture de ce rapport, à Soufflot, que sur cent cinquante tons de couleur dont les épreuves ont été faites, plus de cent sont supérieurs aux anciennes teintures, par leur solidité et l'accord qu'ils conservent; d'ailleurs M. Macquer m'a rendu compte de l'ordre que le sieur Neilson a mis dans ce travail,

(1) Ces teintes, fixées sur laine, formaient un *tableau coloré* de plus de mille corps de nuances méthodiquement disposées sur papier grand raisin (depuis soixante ans environ ce tableau n'existe plus à la manufacture).

(2) Les recherches de Neilson et Quemiset formaient la matière de deux ouvrages inédits intitulés : 1° *Physique complète de l'art de la teinture fondée sur l'histoire naturelle des trois règnes*; 2° *Manuel de la manipulation, contenant les doses, le poids, le prix de chaque couleur, pour dix livres de laines, divisé en vingt nuances.*

jusqu'alors livré à une routine incertaine et qui, moyennant ses soins, présentera une suite de procédés propres à assurer à jamais à la manufacture la solidité de ses teintes. »

Sur la proposition de Soufflot, M. d'Angiviller accorda au sieur Quemiset une gratification de 2,400 # (1); Neilson dut se contenter de paroles encourageantes. Trois ans après le rapport de M. Macquer, en 1781, il pria le ministre de le remplacer dans ses fonctions de directeur des teintures, proposition qui ne fut pas immédiatement agréée. Le 3 juin 1783, il la renouvela en ces termes :

« ... Dans les lettres que j'ai pris la liberté de vous écrire, les 22 février et 6 novembre 1781, j'ai mis dans tout son jour l'impossibilité où je me trouvois de continuer le service des teintures de la manufacture; et je vous suppliai, Monsieur, de me faire remplacer le plus tôt possible; je reviens à la charge, en exposant les motifs pressants qui me déterminent.

« J'avois un fils sur lequel je fondois, avec raison, toutes mes espérances pour me seconder dans tous les travaux de mes entreprises. La mort me l'a enlevé en 1779; son application pour le travail, son zèle et son émulation vous étoient connus.

« Je ne dois pas obmettre mon âge avancé par un travail de cinquante-quatre années de service non interrompu, toujours occupé de recherches de la plus grande utilité, pour le bien du service de la manufacture : premièrement la conservation des tableaux du roy, deuxièmement la perfection de la pratique des tapisseries, troisièmement l'objet des teintures qui étoit totalement négligé et abandonné à la routine des ouvriers; je suis le premier qui ait déposé au magasin du roy les procédés de plus de mille corps de nuances; chaque corps composé de douze couleurs dégradées du clair au brun, dans l'ordre le plus méthodique possible, avec le manuel de manipulation.

(1) La décision est ainsi conçue : « Vu bon pour cent louis, sauf à lui faire quelque autre gratification si il se conduit bien et qu'il continue à se rendre utile. *Signé*; D'Angiviller. »

« Je ne parlerai pas des désagréments que ce travail m'a occasionnés , et je m'interdirai toute plainte ; je viens simplement à l'article des retards affreux des payemens (1) et des avances que j'ai faites pour le soutien de la manufacture du roy : d'abord toutes les fournitures de laines blanches et chaînes, ensuite toutes les dépenses pour les teintures des soyes et des laines, et enfin toutes les avances journalières des gages des compagnons, depu's 1773, jusques et compris 1782. J'ai fait seul toutes les avances , sans avoir jamais reçu ny

(1) Ces retards étaient de tradition dans le service des bâtiments royaux ; pour unique preuve, voici ce que Soufflot écrivait, le 2 avril 1766, à M. de Marigny :

« J'ay eu l'honneur de vous envoyer, le 19 octobre dernier, un état de situation des deux manufactures dont vous m'avez confié la direction, jusqu'au dernier juin 1765 ; il leur étoit dû alors 190,578 ₶ 5 ſ 11 ♌. Quelque pressante que fût la situation des entrepreneurs, à cette époque, vous n'avez pas pû, Monsieur, les soulager, ny fréquemment, ny efficacement : cependant, il s'est toujours fait de l'ouvrage, car il faut, ou renvoyer les ouvriers, ce qui seroit un grand mal, ou les faire travailler : et quoy que les entrepreneurs ayent été assez occupés, pour le dehors, ils se sont cependant trouvés, à la fin de l'année, à peu près dans la même situation qu'au mois de juin dernier, comme vous le verrez par l'état cy joint qui monte à la somme de . . . . 185,658 ₶ 1 ſ 9 ♌ en y ajoutant les fournitures du sieur Mériel (marchand de soye) dans la présente année, et les ouvrages des entrepreneurs des deux manufactures, jusques à ce jour, qui montent environ à. . . . . 35,000 ₶ vous verrez, Monsieur, que le total estant de. . 220,658 ₶ 1 ſ 9 ♌ ils sont, à présent, en plus mauvaise position que jamais... Je vous supplie de jetter un coup d'œil favorable sur la situation dans laquelle se trouvent deux établissements qui se sont, de plus en plus, perfectionnés, et dont vous seriez aussi faché que moi de voir la chute. Je la craindrois cependant, si vous n'aviez la bonté de les secourir le plus tôt possible... »

Ces observations décidèrent le directeur général à autoriser, conformément à une proposition antérieure de Soufflot, la vente, au tiers de rabais environ, d'une grande quantité de tapisseries. Mais les ventes réalisées, dans un laps de plusieurs années, ne suffirent pas, à beaucoup près, pour couvrir un déficit croissant..... A.-L. L.

appointemens, ny honoraires, *ny même d'encouragement d'aucune espèce.*

«La teinture exige un travail pénible, une vigilance continue et une grande exactitude. L'entreprise des tapisseries et celle des teintures sont deux objets d'une si grande étendue de travail qu'ils ne sauroient être remplis par un seul homme qui n'est pas, à beaucoup près, dans la force de l'age, ce qui me met absolument hors d'état de pouvoir continuer le service de deux objets si importants; ajoutez la situation actuelle de ma fortune qui est fondue dans les avances excessives des sommes qui me sont dues par le roy. Mes lettres et mes mémoires restent sans réponse ; je demande et sollicite des choses justes, à un ministre en place qui aime la justice; un plus long silence seroit pour moy un surcroit d'affliction.

« J'ai l'honneur, etc.

« Signé : NEILSON. »

La situation des deux autres entrepreneurs, Audran et Cozette, n'était pas meilleure; Audran était complétement ruiné ; aussi, dès 1776, avaient-ils demandé à changer leur position d'entrepreneurs contre celle de chefs d'ateliers, avec de simples honoraires :

« ... Les suppliants, disaient-ils à M. d'Angiviller, n'ont sans doute pas besoin, Monsieur, de reveiller votre sensibilité, mais qu'il leur soit permis, au moins, de vous exposer des faits qu'il est facile de vérifier :

«Le sieur de la Tour (1) a laissé deux fils réduits à être simples ouvriers, dont un encore existant dans l'atelier du sieur Audran ;

«Le sieur Delafraye (2) a laissé deux filles à la mercy des premiers besoins ;

« L'existence de la veuve de Montmerqué (3) et de ses deux filles tient uniquement à la foible pension de 600 # que leur fait Sa Majesté ;

(1) Entrepreneur, de 1703 à 1734.
(2) Entrepreneur, de 1696 à 1729.
(3) Entrepreneur, de 1730 à 1749.

L'exemple le plus frappant est celui du sieur Audran (1) père, né avec une fortune honnête, d'une conduite irréprochable, dont la veuve se trouve aujourd'huy réduite à une pension de 600 ₶; c'est-à-dire qu'elle ne pourroit subsister sans le secours de la famille.

« Le sieur Audran père a réuni plusieurs successions considérables; il a eu de sa femme près de 80,000 ₶ de bien; il s'est privé, il est vrai, d'une partie pour l'établissement de ses deux filles et pour une charge de conseiller au châtelet dont il a muni le plus jeune de ses fils; pour l'ainé qui a l'honneur d'être sous votre direction, Monsieur, sa seule dot a été l'association aux ouvrages de son père et à son fonds. Mais les pertes cumulées et considérables qu'a fait le sieur Audran père, tant de l'intérêt annuel d'un gros fonds de soyes et laines, que sur ses ouvriers, soit par mort ou désertion..., sont les seules causes de dérangement de sa fortune.

« Le sieur Cozette n'a pas eu la même fortune que le sieur Audran père, et quoyque plus chargé de famille, il n'a pas moins essuyé les mêmes pertes; et loin de pouvoir établir ses enfans, s'il leur étoit enlevé aujourd'huy, ils se trouveroient dans la plus grande détresse.

« Le decouragement ne gagnera jamais les suppliants, il suffit qu'ils travaillent pour soutenir la réputation d'une manufacture aussy glorieuse à l'État, pour sacrifier, à l'exemple de leurs ancêtres, et leur tems et leur peu de fortune...

« ... Le bénéfice des entrepreneurs consiste dans 60 ₶ par aune quarrée; leur travail, quelque forcé qu'il puisse être, par le nombre d'ouvriers, monte rarement à cent aunes quarrées, qui font au plus 6,000 ₶ par année.

« Pour fournir sans interruption aux ouvriers les étoffes nécessaires, pour l'exécution, ils sont obligés d'avoir un fonds considérable et particulier à chacun, de soyes et de laines, objet en pure perte pour eux, puisqu'il ne rapporte aucun intérêt.

« Ils sont, tous les jours, forcés de faire des avances à

---

(1) Entrepreneur des Gobelins de 1733 à 1772; il était fils de Jean Audran, graveur du roi, mort aux Gobelins, le 17 juin 1756, à l'âge de 89 ans, et frère de Benoît Audran, graveur.

leurs ouvriers... qui souvent mourraient de misère sans leur secours, objet qui peut être évalué, année commune, à 1,500 #, non compris les gratifications qu'ils donnent à de certains qui se distinguent par leurs talens et pour les encourager. Ces avances sont toujours en pure perte pour l'entrepreneur, leurs besoins (des ouvriers) étant toujours les mêmes et ne pouvant assez forcer leur travail pour s'acquitter de ces avances, *ils meurent la plupart insolvables.*

« Il est encore d'autres dépenses d'atelier, comme lisses, broches, bobines, etc.

« Ces pertes cumulées, jointes au fond mort qu'exige l'entretien du magazin et les pertes considérables de soyes et laines, rendent le produit toujours incertain et réduisent à plus de moitié le bénéfice (de 6,000 #) porté plus haut.

« Depuis la fixation de leur bénéfice (à 60 # par aune carrée), le prix des denrées de toutes les choses nécessaires à la vie est presque triple; cette augmentation exorbitante met leur gain au dessous de leurs besoins...

« Si Sa Majesté ne jugeoit pas convenable de leur accorder les apointements qu'ils demandent (au lieu des 60 # par aune carrée), au moins voudra-t-elle bien, vu leurs travaux, leurs soins et les charges qui les accompagnent, ou augmenter leurs honoraires, ou leur donner des pensions qui leur assurent une honnète aisance et les facilite à élever et à établir leur famille ... On ne peut se dissimuler que le prix des tapisseries n'est déjà que trop forcé; le moindre surcroit pourroit éloigner encore leur débit (1), et le projet des appointemens est peut-être le seul qui puisse être adopté: alors la condition des entrepreneurs étant la même (2), l'union règnera parmi

---

(1) Réflexion d'autant plus juste que, dans la plupart des transactions effectuées, les tapisseries des Gobelins s'étaient vendues fort au-dessous de leur prix de revient.

(2) L'entrepreneur de basse lisse avait plus de ressources que ceux de haute lisse. Chargé de la direction des élèves, il lui était loisible d'appliquer leur travail à la production de certaines parties inférieures des tapisseries qui, telles que les bordures, pouvaient être fabriquées séparément, et comme, d'autre part, il recevait une indemnité pour chaque élève, leur travail était pour lui tout bénéfice, objet de jalousie pour ses deux collègues de la haute lisse,

eux ; ils ne s'attacheront qu'à former de bons ouvriers et réformer, avec le temps, les médiocres... Ils entretiendront dans leurs descendants le goût des arts qui ajoutent à la gloire du monarque...»

De leur côté, les ouvriers, constamment débiteurs envers leurs maîtres, se plaignaient d'être réduits à la plus dure des conditions et de n'avoir en perspective, pour leurs vieux jours, que les murs d'un hôpital ; plaintes qui prirent surtout un caractère de vivacité et de violence lorsque M. Pierre, premier peintre du roi, successeur de Soufflot, les eut invités, dans sa première visite aux Gobelins, le 10 janvier 1782, à formuler leurs griefs par écrit, pour les mettre sous les yeux du directeur général.

« ... Vous nous faites l'honneur de nous ordonner, écrivent-ils à M. Pierre, de vous présenter un mémoire positif des plaintes et demandes que nous soumettons à votre jugement... Nous espérons, Monsieur, que vous y trouverez une justice pour des malheureux qui sont dans l'obligation de vivre sous l'oppression la plus dure... Quels sont les hommes qui pourront tenir à des comptes aussi obscurs que ceux que MM. Audran, Neilson et Cozette forcent les ouvriers à trouver bons, contre toutes les règles de l'honneur et de la probité ? aucun... Faire des dupes et profiter de la faiblesse des ouvriers est l'unique objet de MM. les entrepreneurs... La majeure partie (des ouvriers) imploreront, les mains jointes, pour que ces messieurs soient chacun décorés d'une retraite ; ce serait le vrai moyen d'effacer toutes sortes d'iniquités et celui de récompenser la vertu...»

Deux documents émanés de M. Pierre achèveront le tableau :

« ... *Comité, conversation, ou tout ce que l'on voudra, tenu aux Gobelins, le 18 janvier 1783.* (Extrait.)
« ... Vous êtes ruinés (ceci s'adresse aux entrepreneurs) et la manufacture est ruinée, puisque les choses en sont au point

que votre sort et celuy de la manufacture liés ensemble n'ont qu'une position précaire... Si tous les agens veulent concourir à remonter la machine, je marcheray pour remplir les vues de M. le directeur général... Sans avoir le mérite de M. le Brun, je suis son représentant, et j'espère, en l'imitant, de parvenir à remonter la machine... ou je m'en iray labourer mes champs.

« J'ay cherché les causes de la ruine de cette maison, et j'ay vû que les malheurs provenoient des haines et des jalousies. De là mon projet de *réunir les intérêts* comme le moyen de faire cesser tout ce que je sais depuis longtemps et ce que je vois encore. Pourquoi ne seriez-vous pas trois chefs réunis qui, sous la protection de l'administration, seroient une seule teste?... J'exige des sacrifices, pour mettre en mesure vis à vis du supérieur; mais ne vous effrayés pas, ils seront justes et fondés... Si l'on ne m'aide pas, si l'on jette des bâtons dans les roues, je serai bien forcé de remercier, et je gémirai de voir tout le monde aller à l'hôpital, excepté M. Neilson... »

Le second document est une lettre que M. Pierre écrivit au directeur général, le 16 mai 1783 :

« ... La fermentation que présente la maison des Gobelins est un très-ancien vice qui a éprouvé des calmes et des accès de convulsions...

« Depuis les dernières commotions, l'innocent ou coupable M. Jacques (1) est devenu la ressource de ceux qui ne veulent pas convenir, de bonne foy, de leurs torts.

« J'eus l'honneur de vous parler, il y a près d'un an, d'une lettre anonyme contre les entrepreneurs. Chacun reçut, en particulier, la sienne. M. Jacques en fut regardé comme l'auteur. Le fait se trouva faux, et je crus de la prudence de ne pas éclaircir une vérité prête à percer. Les ouvriers avoient si bien cherché, pour se disculper, que, sûrs de leur innocence, ils allèrent au delà du but; ils accusèrent les entrepreneurs de jeter sans cesse des entraves, de chercher à les présenter comme des mutins; ils en apostrophèrent un si clairement

(1) Peintre de fleurs attaché à la manufacture des Gobelins.

que j'imposai silence, tant pour maintenir l'ordre que pour débarrasser l'accusé.

« Tout le monde a eu tort, mais tous les torts vont cesser...

« Fait très-certain!... tous les bons ouvriers sont, en général, doux, rangés, même vertueux.

« Les mauvais ouvriers sont mauvais en tout. L'esprit de vengeance qui les anime contre ceux qu'ils appèlent leurs tirans les porte à mourir de faim plustôt que de procurer le moindre profit à ces mêmes tirans... »

Ces comptes, prétendus *obscurs*, étaient ceux des avances fixes faites, par semaine, aux ouvriers, depuis nombre d'années, reconnus par eux et déjà revêtus de leur signature. Le tort des entrepreneurs était de n'avoir pas compté tous les mois, ou, au moins, à chaque pièce de tapisserie terminée, et d'avoir laissé accumuler les dettes (1) des ouvriers. Ceux-ci se plaignaient encore des pertes de temps considérables qu'on leur faisait subir pour la recherche de leurs nuances dans un magasin très-mal approvisionné; et enfin de ce que les entrepreneurs ne leur comptaient pas, comme travail méritant salaire, la bande bleue autour des tapisseries, tandis que le roi la payait au prix moyen déterminé pour chaque pièce.

Pour répondre à ces diverses réclamations, et pour réformer les abus, le règlement de 1783-1788 prescrit aux entrepreneurs de « vaquer personnellement aux assortiments nécessaires pour composer la palette de leurs ouvriers, afin que ceux-ci n'éprouvent aucune distraction préjudiciable aux fruits qu'ils peuvent tirer de leur travail bien suivi (2); » de payer la bordure comme bor-

(1) Les ouvriers de M. Audran lui devaient depuis 1771, la somme de. . . . . 60,726 ‖ 1 ſ 11 ₰. ceux de M. Cozette étaient débiteurs de . . 53,630 ‖ 18 ſ 9 ₰.

(2) Cette partie importante du service est aujourd'hui entre les

dure, la bande bleue comme bande bleue, etc... Il abroge et défend, de la manière la plus expresse, l'usage introduit abusivement et contre toute espèce d'ordre, par les entrepreneurs, savoir, d'établir et de payer des semaines fixes à des ouvriers de la manufacture, soit par forme de secours, à raison de leur vieillesse, infirmité ou lenteur à travailler, soit par forme de dédommagement du temps employé à mettre plus de perfection dans leur ouvrage, ou de soins rendus dans l'atelier...

« ... A la fin de chaque mois, il sera dressé un état des ouvriers qui seront dans l'un ou l'autre cas (de soins exceptionnels donnés à l'ouvrage, de vieillesse, ou d'infirmité), et cet état nous présentera les motifs d'accorder à chacun d'eux, soit une gratification, à raison de ses plus grands soins dans le travail qui ne lui ont pas permis de gagner autant que son talent le lui permettoit, soit un supplément à son travail trop foible pour le mettre en état de subsister. Cet état sera signé par les chefs de la manufacture et les entrepreneurs respectifs, et sur cet exposé, nous ferons droit et allouerons ce qui nous paroîtra juste et convenable. Il en sera de même, à l'égard des ouvriers, bons sujets, qui seront absolument hors d'état de travailler par vieillesse ou infirmité... »

Le même règlement établit un peintre sur-inspecteur obligé à résidence aux Gobelins, et un chimiste inspecteur des travaux de teinture (1); il diminue de 20 ₶ par aune carrée le traitement de l'entrepreneur de basse lisse, et maintient les anciens tarifs.

M. du Rameau était désigné pour remplir les fonctions de sur-inspecteur. «... Quinze jours d'exercice avec

mains des chefs d'atelier, successeurs des anciens entrepreneurs, pour la conduite des travaux de tapisserie.

(1) Fonctions exercées, en premier lieu par M. Cornette, puis par M. Darcet père, de 1787 à 1792.

M. Pierre, dit M. Cuvillier, premier commis de la direction générale, l'ont déterminé à abdiquer; il a été suppléé par M. Tarraval (Hugues) (9 octobre 1783) dont le degré, comme artiste, le rapprochait assez près de M. Belle. Ce M. Tarraval n'a été rien moins qu'à l'aise avec M. Pierre, qui le vante actuellement beaucoup, parce qu'il en veut déprécier d'autres. Dans le vrai, ç'a été une perte que la mort de M. Tarraval (18 novembre 1785), mais elle n'était pas irréparable; elle a été convenablement suppléée par la promotion de MM. Belle (nommé sur-inspecteur (novembre 1785), et Peyron (inspecteur); ils sont de la plus parfaite intelligence, ils se secondent à merveille... Il est permis de penser que si M. Peyron voulait être mieux vu de M. Pierre, il n'aurait qu'à se joindre à lui pour écraser M. Belle (1). »

Ces petits détails d'intérieur, appuyés d'ailleurs de pièces très-nombreuses que le cadre de cette notice ne permet pas de citer, montrent qu'aux divers rangs de la hiérarchie l'harmonie n'était pas complète.

Le règlement de 1783 consacrait, sans aucun changement, l'application des anciens tarifs. M. Pierre, après quelques années d'exercice, reconnut que la plupart des prix portés pour les parties difficiles, les *carnations, têtes, pieds, mains,* etc., étaient fort au-dessous de la valeur réelle de ces travaux.

« ... Me trouvant présent, dit-il (8 aout 1788), pour la première fois, à un mesurage, je me suis convaincu de l'impossibilité de se tenir aux tarifs... Après avoir beaucoup cherché, consulté, en expliquant mes idées, je me suis arrêté à la proposition d'un nouvel ordre dans les payemens :

(1) Extrait d'un rapport présenté à M. d'Angiviller en 1788, à l'occasion d'un changement sollicité par M. Pierre, dans les attributions respectives du sur-inspecteur et de l'inspecteur.

« En laissant subsister les anciens tarifs, j'ay pensé qu'une augmentation aux payemens supérieure à leur prix et constatée par une simple approbation signée, procureroit l'exécution du règlement (pour la forme) et placeroit les ouvriers dans la position de ne rien demander...

« La proposition de ce supplément au tarif n'est au fond qu'une extension accordée dans les prix, jusqu'à un point ordonné ; par exemple :

« Dans le tarif, le baton de la teste la plus chère . 30 #.

« Dans le supplément, il peut paroitre exorbitant. 60 #.

« Mais actuellement peu de testes restent à . . . 30 #.

« Les petits ouvrages ne sont guères au-dessous de 60 #.

« L'on demande donc, M. le comte, que l'espace du prix 30 # jusqu'à celuy de 60 #, soit le taux que puissent parcourir ceux qui marchandent tel ou tel tableau (du moins son exécution) avec les ouvriers.

« En détaillant, l'on trouve qu'une teste en petit, telle que celle de Gabrielle, dans la suite de Henry IV, peut occuper un excellent ouvrier quinze jours et plus ; c'est-à-dire qu'il n'en peut faire qu'un demi baton, grandeur de la teste ; dès lors, des 60 #, il n'aura par semaine que 15 #.

« Il paroit inutile d'entrer dans d'autres détails pour prouver que les augmentations demandées ne paroissent frappantes qu'au premier coup d'œil... »

D'après le tableau que nous avons sous les yeux, ces paroles ne pouvaient rassurer l'administration ; la plupart des prix eussent été triplés *ad libitum*.

« ... J'avoue ne pas bien concevoir, dit M. de Montucla, dans son rapport sur cette affaire, au directeur général, ce projet d'extension au tarif de 1778 ; j'entrevois seulement que M. Pierre a été conduit à cette proposition par les difficultés qu'on a eprouvé à déterminer les prix des nouveaux tableaux qui sont, en effet, beaucoup plus difficiles à exécuter que les anciens, tant par la petitesse des parties, que par leur fini ; mais indépendamment de ce que tout cela n'est pas assez expliqué, cette augmentation me paroit effrayante en un grand nombre de parties, et tendre à hausser considérable-

ment le prix des tapisseries... Les *broderies-draperies* portées
dans l'ancien tarif à 6 *#* pourroient être payées jusqu'à 18 *#* ;
un autre article de 4 *#* 15 le baton, dans l'ancien tarif, pourroit être payé jusqu'à 12 *#* ; les *layeurs bas* portées à 3 *#*
pourroient monter jusqu'à 9 *#*, etc... Une pareille augmentation auroit besoin d'être motivée sur des raisons aussi claires
que le jour... »

La question, touchée au vif par **M. Pierre**, après
six ans d'exercice, ne devoit pas recevoir de solution
immédiate, bien qu'il fût depuis longtemps démontré
« ... que, malgré les prix supérieurs des ouvrages difficiles, un ouvrier mis sur un ouvrage commun gagnoit
une forte semaine, tandis que l'ouvrier de tête n'en gagnoit qu'une très-faible, et qu'ainsi, à moins de passer
cet excédent (de travail) comme une indemnité, *il fallait
s'attendre à voir ces ouvriers se relâcher et hâter l'ouvrage aux dépens de la perfection qui fait l'honneur de
la manufacture, ou bien réformer le tarif en accordant
aux ouvrages difficiles une augmentation de prix qui mît
les ouvriers en état de gagner une semaine honnête et
suffisante* (1)... »

« ... Si l'on pouvait être sûr, dit, de son côté, M. Cuvilier (2),
que tous ces ouvriers fussent inspectés sans fraude, sans com-
plaisance, et piqués sur toutes les absences, sans cause légitime, je proposerais volontiers qu'au lieu de ce morcellement
pénible de paiement compté, tant pour ouvrage, et tant pour
gratification, *on établît ces gens à solde fixe*, en réservant par
trimestre une portion qui, mise en masse pour la fin de
l'année, supporterait les déductions d'absence ou d'inertie,
sans cause légitime... »

(1) Extrait du rapport, déjà cité, de M. de Montucla au directeur
général ; août 1788.
(2) Extrait d'un rapport au directeur général ; août 1788.

Cette opinion, la seule en harmonie avec les changements introduits par degrés dans l'art de la tapisserie, contenait en germe toute une révolution ; sous le régime de *la tâche*, les entrepreneurs et les ouvriers avaient un égal et puissant intérêt à fabriquer vite et à ne point perfectionner ; l'entrepreneur ne faisait pas volontiers recommencer la besogne mal faite, parce qu'il n'avait rien à prétendre sur la portion de tapisserie détruite ; l'ouvrier, à plus forte raison, se gardait bien de couper son travail ; de là des incorrections de dessin et de coloris, des malfaçons plus ou moins apparentes auxquelles les peintres préposés à l'inspection des ateliers ne pouvaient que difficilement obvier. Le nouveau mode de paiement proposé par le successeur de M. Pierre, M. Guillaumot (1), et approuvé par le directeur général le 28 décembre 1790, fut immédiatement appliqué aux cent seize ouvriers et aux dix-huit apprentis existant alors aux Gobelins (2).

La manufacture de la Savonnerie fut mise sous le même régime. Elle ne comptait alors que vingt ouvriers et six apprentis dirigés par l'entrepreneur Duvivier (Nicolas-Cyprien), dont la famille y était établie depuis

---

(1) Charles-Alexandre Guillaumot, né à Stockholm, en 1730, de parents français, membre de l'académie d'architecture, intendant général des bâtiments du roi, auteur des casernes de Saint-Denis, Ruel, Courbevoie, Joigny et d'immenses travaux de consolidation du ciel des Catacombes, ou carrières sous Paris, entrepris en 1777, nommé directeur des Gobelins et de la Savonnerie, en avril 1789.

(2) On les partagea en quatre classes, d'après leurs talents divers ; ceux des classes inférieures ayant l'expectative de monter aux classes supérieures en augmentant de talent... « Ce régime produit moins d'ouvrages ; mais le travail est plus parfait, puisque aucun motif d'intérêt ne porte le fabricant à mal faire pour produire davantage ; et c'est la perfection qu'on doit rechercher dans cet établissement, sans quoi *il est inutile de le conserver...* » (Guillaumot, *Notice sur la manufacture des Gobelins*, p. 21.)

45 ans (1). Il s'y fabriquait annuellement un peu plus de cent aunes carrées de tapisseries, livrées au roi à raison de 600 # l'une. Les plus habiles ouvriers gagnaient de 15 à 18 # par semaine, et les plus faibles de 6 à 7 #.

« ... Ces deux extrêmes, dit M. Duvivier, dans un mémoire adressé à M. Pierre en 1682, sont, comme partout, la plus petite quantité. Il est aisé de juger que le général gagne entre 10 et 15 #. Tout ouvrage leur est payé indifféremment, c'est-à-dire qu'ils font tous ornements, fleurs, fruits et animaux. L'entrepreneur accorde des gratifications, pour fruits et animaux, comme sujets demandant des soins particuliers; il y a des pièces extraordinaires qui se payent à la journée, vu leurs difficultés.

« L'entrepreneur a cru devoir aussi se gêner un peu pour payer les ouvriers âgés à la journée, vu la faiblesse de leurs vues et de leurs facultés. Les ouvriers n'ont aucune espèce de charge ni avance à faire... (Les travaux s'exécutent) d'après des tableaux ou modèles tant anciens que modernes faits par MM. Fontenai, Perault, Gravelot, Oudry, Audran et Desportes, et aujourd'hui M. Bellanger (2).

Parmi les travaux de tapisserie exécutés aux Gobelins de 1781 à 1791, nous citerons :

L'éternelle tenture des Indes, les tentures déjà vieilles de don Quichotte, de Jason et Médée. Ce qui faisait dire à M. Pierre :

« ... La tenture de Jason devient fastidieuse; n'ont-ils (les entrepreneurs) que ce cheval de bataille... (3)? » et sur celle de don Quichotte : « ... l'atelier de M. Audran a motivé une

(1) La fabrication, à partir de Philippe Lourdet, avait été successivement entre les mains de la veuve Lourdet, de Louis du Pont, petit-fils du premier entrepreneur, et de M. de Noinville.

(2) Peintre de fleurs, membre de l'académie de peinture, chargé (de 1775 à 1790) de l'exécution de modèles pour la Savonnerie.

(3) Lettre de M. Pierre à M. d'Angiviller, du 11 février 1683.

observation du premier peintre sur le peu de jouissance de tableaux agréables pour les hautelissiers, qui paroissent réduits à ne faire travailler que d'après des don Quichotte, la plupart noirs; d'où deux vices : 1° l'ouvrier n'apprend rien; 2° il se perd... (1). »

M. Pierre fournit lui-même partie des modèles de la tenture dite *des amours des Dieux* (2); il la fit exécuter sous ses yeux avec toute la perfection que comportait alors l'art des tapisseries :

Jupiter, sous la forme d'un taureau, enlève Europe;

Mercure métamorphose Aglaure en statue de pierre;

Un tableau d'enfants;

Proserpine ornant de fleurs la statue de Cérès sa mère, est aperçue par Pluton;

Un tableau d'enfants;

Ces deux derniers sujets par Vien.

De l'école contemporaine, nous trouvons encore les noms et la traduction en tapisserie des œuvres de : Vincent, du Rameau, Barthélemy, Suvée, Menageot, le Barbier (3), Taraval (Hugues), Peyron, etc.

---

(1) M. Pierre, alors à son début (janvier 1782) comme directeur, se trompait, en attribuant le fait aux entrepreneurs; la volumineuse correspondance que nous avons sous les yeux atteste, à ce sujet, la vivacité, l'inutilité et la persistance de leurs réclamations personnelles. A une époque bien postérieure, que nous nous abstenons de préciser, on a vu le quart des ouvriers, et les plus habiles, *occupés, faute de modèles, à dévider de la laine !.....*

(2) Elle faisait suite à la tenture composée par Boucher.

(3) Les œuvres de la plupart de ces maîtres composaient deux tentures, dites de l'histoire de France;

L'une en cinq pièces, d'après Vincent : Sully aux pieds de Henri IV; Henri IV prenant congé de Gabrielle d'Estrées; évanouissement de la belle Gabrielle; Henri IV soupant chez le meunier Michaut; Henri IV faisant entrer des vivres dans Paris.

La seconde tenture en huit pièces : Le siége de Calais, d'après

Le très-petit nombre de pièces de tapisseries de cette époque qu'il nous a été donné de voir attestent un progrès réel sur la période précédente (1). Ce progrès ne s'était pas effectué toutefois sans une augmentation très-sensible du nombre de nuances intermédiaires ; mais la teinture et la combinaison encore très-simple des couleurs, *par hachures à une nuance*, ne fournissant pas alors des éléments de durée suffisants, les plus belles pièces se trouvent déparées par de profondes altérations dans le coloris. Ces imperfections, que le système industriel rendait irremédiables, devaient disparaître dans la *troisième époque de l'art des tapisseries*, époque inaugurée le 28 décembre 1790 par la suppression du travail à la tâche.

Barthélemy ; la reprise de Paris, par le connétable de Richemond, sous Charles VII, d'après le même ; Marcel, prévôt de Paris, tué d'un coup de hache par Maillard au moment où il va livrer les clefs de la ville au roi de Navarre, d'après le même ; la mort de Coligny, d'après Juvée ; honneurs rendus par les ennemis au connétable Duguesclin, après sa mort, d'après Brenet ; la continence de Bayard, d'après du Rameau ; mort de Léonard de Vinci, d'après Menageot.

(1) Par une sorte de contradiction que nous ne nous chargeons pas d'expliquer, ce fut sous la direction de M. Pierre, en 1788, que *l'académie* du modèle vivant et le *séminaire* des élèves de basse lisse furent supprimés.

CHAPITRE IV.

Travaux des manufactures des Gobelins et de la Savonnerie de 1791
à 1800, et pendant la première moitié du xixᵉ siècle.

Les dix dernières années du xviiiᵉ siècle ne peuvent
compter dans les développements artistiques de ces manufactures : il fut alors moins question de perfectionner que
d'exister; on se demande même avec étonnement comment,
au milieu de telles agitations, ces précieux monuments
de l'industrie nationale ont pu être conservés à la France
et aux arts (1)?

Lorsque la loi du 29 novembre 1792 eut séparé les manufactures royales de l'administration des domaines de la
liste civile, le ministre Roland, chargé de rendre compte
de leur situation, fit entrevoir la possibilité de les faire
marcher avec le concours de l'industrie privée, et ce fut
ainsi qu'il obtint quelques secours provisoires, *pour les six
premiers mois de* 1793.

« ... Pour tirer de ces deux manufactures le parti le plus
avantageux, il est une mesure à prendre dont je crois le

(1) Dans son journal (*l'Ami du peuple,* 17 août 1790), Marat
disait : « ... On n'a nulle idée chez l'étranger d'établissements relatifs aux beaux-arts, ou plutôt de manufactures à la charge de
l'État; l'honneur de cette invention était réservé à la France. Telles
sont, dans le nombre, les manufactures de Sèvres et des Gobelins :
la première coûte au public plus de deux cent mille francs annuellement, pour quelques services de porcelaine dont le roi fait présent
aux ambassadeurs ; la seconde coûte cent mille écus annuellement,
on ne sait trop pourquoi, si ce n'est pour enrichir des fripons et
des intrigants. On y entretient, d'ordinaire, vingt-cinq ouvriers
qui emploient au total douze livres de soie au travail d'une tapisserie qui est quelquefois quinze ans sur le métier... »

succès certain; c'est d'y en réunir une troisième, dans le même genre, mais plus commune, telle, par exemple, que celle de Beauvais ou d'Aubusson... à qui elle prêtera sa réputation; quelque chose même de son goût et de sa perfection, et qui, en échange, lui rendra sur le bénéfice particulier à celle-ci l'aliment que la première ne pourrait pas tirer de son propre fonds... Tout est possible à l'intérêt particulier, et c'est lui qu'il faut exciter en l'associant à tout dans les nouvelles mesures à prendre... Une révolution commune à faire subir à ces établissements serait de les soumettre, s'il est possible, à une régie intéressée. La base première d'un tel système serait d'associer, non-seulement l'entrepreneur en chef, mais les sous-ordres, mais jusqu'aux derniers ouvriers mêmes, aux pertes comme aux bénéfices de l'entreprise commune. Il suffirait, par exemple, pour remplir ce but, à l'égard de ces ouvriers, de les mettre constamment à la tâche ou à la pièce, dans les trois manufactures (Sèvres, les Gobelins, la Savonnerie), comme je l'ai décidé pour les Gobelins, et de joindre aux prix qui leur seraient alloués une prime proportionnée à la masse des ventes dont le registre serait ouvert à tous (1)... »

Pour accomplir cette réforme industrielle, M. Roland, dès le 4 septembre 1792, avait renvoyés, *comme inutiles*, les trois peintres attachés à la manufacture des Gobelins (2), le chimiste inspecteur de l'atelier de teinture; il avait fermé l'école de dessin et remplacé le directeur Guillaumot par le sieur Audran (3), l'un des trois entrepreneurs (4)...

(1) Extrait du rapport de M. Roland à la Convention nationale (6 janvier 1793).

(2) Le sur-inspecteur Belle, l'inspecteur Peyron et le peintre de fleurs Malaine.

(3) Audran se recommandait à l'attention du ministre par quarante ans de travail dans la manufacture et par les détails qu'il avait fournis quelques années auparavant aux rédacteurs de l'*Encyclopédie*, sur la teinture des laines et des soies employées dans la fabrication des tapisseries.

(4) A cette même époque, les ateliers autres que ceux de tapis-

Mais il n'eut pas le temps de pousser plus loin l'application de ses idées, que son successeur, Paré, a parfaitement caractérisées en quelques mots :

« ... Il ne faut pas se dissimuler que ces établissements, originairement consacrés au luxe et à une magnificence fastueuse, pourraient difficilement se prêter, par la nature même de leurs objets, à des spéculations commerciales. Différentes vues ont été présentées pour utiliser ces manufactures; *toutes m'ont paru ne tendre qu'à leur destruction;* fabriquez, disait-on, des tapisseries dont le prix diminue, par le rétrécissement des dimensions, par l'économie dans le choix des sujets, dans les richesses d'exécution et auquel les maisons et les fortunes ordinaires puissent atteindre; faites, disait-on encore, des porcelaines moins parfaites, moins riches en ornements, faites de la porcelaine commune, faites des imitations de la terre anglaise... *C'était substituer les tapisseries d'Aubusson aux tapisseries des Gobelins, et convertir la manufacture de porcelaine de Sèvres en une manufacture de faïence.* Je pense qu'il faut que les deux manufactures *restent ce qu'elles sont;* mais en diminuer, s'il est nécessaire, les fabrications, ou du moins les proportionner aux diverses commandes qui pourraient en être faites, ou au débit qu'on aura lieu d'en attendre.

« Je me permettrai aussi de penser qu'il serait inconvenable, sous plusieurs rapports, de diminuer le nombre des ouvriers actuellement employés à ces trois manufactures; ce serait d'abord ôter le pain à 5 ou 600 ouvriers, la plupart chargés de famille... Étrangers à tout autre talent et hors d'état, par conséquent, de se procurer d'autres moyens de

serie qui n'étaient plus occupés que par un très-petit nombre d'orfévres, horlogers, ébénistes et menuisiers furent supprimés. Un état des *orfévres et autres* gagnant maîtrise dans la manufacture des Gobelins, pour l'année 1784, donne les noms de trois maîtres et de *huit apprentis du roi* en orfévrerie, de deux maîtres et d'un apprenti en horlogerie, d'un compagnon et d'un apprenti en ébénisterie et d'un apprenti en menuiscrie, employés et pour la plupart logés dans la manufacture des Gobelins.

subsistance… ce serait, en outre, intercepter la tradition ou la succession des talents rares et précieux qui y sont mis en œuvre (1)… »

Le directeur Audran, après moins d'un an d'exercice de ses fonctions, soupçonné d'*incivisme*, dénoncé à la section dite du Finistère, fut arrêté et subit à Sainte-Pélagie une détention de dix mois.

Son arrestation est ainsi notifiée au ministre de l'intérieur :

« Cet octodi, 1re décade de brumaire, l'an 2e de la république française une et indivisible, à quatre heures du matin (29 octobre 1793).

« Citoyen,

« Les sans-culottes du faubourg Saint-Marceau, surveillants intrépides et infatigables des ennemis de la république, vous préviennent qu'ils viennent d'incarcérer à Sainte-Pélagie le nommé Audran, ancien ami des Roland, et affilié depuis longtemps à toute la clique liberticide.

« Nous nous empressons de vous faire part de cette capture, parce que le nommé Audran étant directeur provisoire de la manufacture nationale des Gobelins, il importe à l'intérêt public et à celui des sans-culottes qui y sont employés que vous lui nommiez promptement un successeur, bon sans-culotte et franc républicain.

« Salut et fraternité !

Les membres du comité de surveillance de la section du Finistère :

« Loyer *président*, Lacombe, Langlois, Baron, De Flandre, Rognon *secrétaire*. »

(1) Lettre du ministre Paré, nivôse an II (janvier 1794), au représentant Gillet, chargé par le comité des finances de la convention de faire des recherches sur l'administration des bâtiments.

Bien qu'il n'y eût contre Audran d'autres charges que de vagues accusations, le ministre crut devoir (le 13 novembre 1793) prononcer sa destitution et le remplacer par le peintre Augustin Belle, fils de l'ancien sur-inspecteur.

Ardent républicain, A. Belle ne se montrait qu'en carmagnole ; sur sa porte, il avait écrit : « ICI ON SE TUTOYE ! » Quelques jours après sa nomination, le 22 novembre 1793, il demanda au ministre de l'intérieur l'autorisation de brûler, au pied de l'arbre de la liberté qui devait être érigé dans la cour de la manufacture, le décadi 10 frimaire, en l'honneur des martyrs de la liberté Marat et Lepelletier, certaines tapisseries parsemées « de fleurs de lis, de chiffres et d'armes ci-devant de France (1). »

Le ministre accorde cette autorisation.

(1) Cette proposition insensée, l'exécution sauvage qui en a été la suite, le fanatisme d'Augustin Belle, nous semblent s'effacer devant un trait honorable que nous sommes heureux de publier : après le décès de M. Belle père, arrivé le 29 septembre 1806, M. Mollien, ministre des finances, écrivit, en faveur du fils, à M. Daru, ce qui suit :

« J'apprends, Monsieur et cher collègue, la mort d'un ancien et respectable artiste qui était sous vos ordres, M. Belle ; permettez-moi de solliciter, au nom de ses quarante ans de bons services (c'était cinquante-un ans), l'héritage du père pour le fils, qui est lui-même un artiste très distingué, et spécialement instruit de tous les devoirs d'inspecteur des Gobelins. Cet héritage ne consiste que dans cette seule place d'inspecteur ; c'est tout ce que M. Belle laisse à sa famille. J'ose penser, mon cher collègue, que lorsque je vous aurai fait connaître les motifs de mon attachement pour elle, vous accueillerez avec bienveillance et vous partagerez le vif intérêt que j'y prends ; c'est principalement à M. Belle fils que je dois le salut de ma vie sous la terreur ; il a surtout contribué à me faire survivre aux malheureux fermiers généraux avec lesquels j'étais détenu. Cette déclaration vous donne la mesure du service que vous me rendrez en faisant pour M. Belle fils ce qui peut, jusqu'à un certain point,

Le 29 novembre 1793, une députation du personnel
de la manufacture se présente à la barre de la convention
nationale : ici, nous laissons parler le procès-verbal.
(Séance du 9 frimaire, an II.)

« ... Les employés et artistes-ouvriers de la manufacture
nationale des tapisseries, dite des Gobelins, viennent jurer à
la convention nationale de n'employer désormais leurs talents
qu'à transmettre à la postérité les images des héros et martyrs
de la liberté, ainsi que les actions mémorables des français
régénérés et républicains : ils annoncent que demain, décadi,
10 frimaire, 9 heures du matin, ils doivent célébrer une fête
en l'honneur des martyrs et la liberté, Lepelletier, Marat,
Bauvais, Préau, Pierre Bayle et Chalier, et invitent la convention à y assister par une députation.

« La convention nationale nomme, pour cette députation,
les représentants du peuple Dupuys et Boucher. »

n'être qu'une justice, et cette justice sera pour moi un très-grand
bienfait ; j'attacherai le plus grand prix à ce témoignage de votre
amitié.

« J'ai l'honneur, etc.   MOLLIEN (Autogr.) »

La recommandation de M. Guillaumot, fondée sur d'autres motifs, ne fut pas moins pressante :

« ... Je ne doute pas que beaucoup d'artistes ne vous tourmentent,
dit-il à M. le comte Daru, pour obtenir cette place ; mais M. Belle
laisse un fils élevé par lui dans la pratique de ces procédés qu'il n'a
interrompus que pour aller achever ses études à Rome... Je ne parlerai pas de ses talents comme peintre, dont il existe des preuves
dans divers cabinets... Ce qui est essentiel pour diriger la partie
d'art, c'est l'application du dessin à la pratique dans l'exécution des
tapisseries ; et *c'est là ce dont les plus habiles peintres seraient obligés
de faire un long apprentissage particulier, avant de pouvoir remplacer
utilement M. Belle père.* Je vous supplie donc, Monsieur l'intendant
général, pour l'avantage de la manufacture, d'accorder cette place
au fils, personne n'étant plus capable que lui de la remplir... Je ne
dois pas vous dissimuler *que tout autre ne pourrait qu'en arrêter les
progrès pour longtemps...* »

Ainsi appuyé, M. Belle obtint immédiatement l'emploi qu'il sol-
licitait.

Le 30 novembre 1793, la tenture dite de la chancellerie, la tapisserie représentant la visite de Louis XIV aux Gobelins et plusieurs portières sont brûlées, en cérémonie, au pied de l'arbre de la liberté.

Le 24 mai 1794, les manufactures des Gobelins, de Sèvres, de la Savonnerie, de Beauvais et les établissements ruraux de Rambouillet sont placés sous la surveillance et la direction de la commission dite de l'agriculture et des arts (1).

Le 17 juillet 1794, arrêté du comité de salut public instituant un jury d'artistes pour examiner les tableaux existant aux manufactures nationales des Gobelins et de la Savonnerie, déterminer ceux qui, à raison de leur perfection, méritent d'être exécutés par les artistes des manufactures, et exclure tous ceux qui présentent des emblèmes ou des sujets incompatibles avec les idées et les mœurs républicaines.

Le 20 août 1795, nomination par le comité de salut public des membres composant le jury des arts : Prudhon, Ducreux, Percier, architecte ; Bitaubé, homme de lettres ; Moette, Legouvé, homme de lettres ; Monvel, acteur et homme de lettres ; Vincent, peintre d'histoire ; Belle, directeur des Gobelins ; Duvivier, directeur de la Savonnerie.

Indépendamment de l'examen des tableaux, ils doivent procéder au classement des ouvriers des manufactures nationales.

Le 10 septembre 1794, le jury des arts se transporte aux Gobelins et commence l'examen des tapisseries sur le métier. Il termine son travail en seize séances (du 10 au 25 septembre 1794) ; douze tapisseries en cours d'exé-

(1) Arrêté du comité de salut public.

cution sont supprimées comme présentant des sujets incompatibles avec les idées républicaines (1). Parmi celles que l'on conserve, certaines modifications ayant pour but de faire disparaître des emblèmes de la royauté sont introduites (2); sur trois cent vingt et un modèles ou tableaux existant dans la collection de la manufacture, cent vingt sont éliminés comme antirépublicains, fanatiques ou immoraux (3), cent trente-six rejetés sous le rapport de

(1) Les procès-verbaux du jury s'expriment ainsi au sujet de quelques-unes de ces tapisseries : « *Le Siége de Calais*, par Berthelemy; sujet regardé comme contraire aux idées républicaines; le pardon accordé aux bourgeois de Calais ne leur étant octroyé que par un tyran, pardon qui ne lui est arraché que par les larmes et les supplications d'une reine et du fils d'un despote ; rejeté. En conséquence, la tapisserie sera arrêtée dans son exécution.

« *Héliodore chassé du temple,* copie de Raphaël par Noël Hallé; sujet consacrant les idées de l'erreur et du fanatisme ; d'ailleurs copie très-défectueuse d'un superbe original, et conséquemment à rejeter ; la tapisserie sera discontinuée.

(2) « *La robe empoisonnée,* par de Troy; rejeté comme présentant un sujet contraire aux mœurs républicaines; mais la tapisserie, étant presque achevée, sera terminée avec la suppression des deux diadèmes qui sont sur la tête de Créuse et de son père. »

« *Jason domptant les taureaux,* par de Troy. Le sujet est rejeté comme contraire aux idées républicaines; la tapisserie étant faite à moitié, sera terminée à la longueur de quatorze pieds, un peu au delà de la figure de Jason déjà faite, et, par ce moyen, elle offrira un ensemble, sans présenter les personnages de Médée et du roi son père, qui blesseraient les yeux d'un républicain. »

(3) « *Méléagre entouré de sa famille qui le supplie de prendre les armes pour repousser les ennemis prêts à se rendre maîtres de la ville de Calydon*; tableau dont le sujet ne paraît pas compatible avec les idées républicaines, relativement au sentiment qui dirige Méléagre, lequel est sur le point de sacrifier sa patrie à l'esprit de vengeance dont il est animé, et qui, près de voir son palais réduit en cendres, se rend moins à l'amour de son pays qu'à son intérêt personnel; conséquemment tableau à rejeter.

« *Mathatias tuant des impies,* par Lépicié; sujet fanatique, tableau rejeté.

l'art , quarante-cinq regardés comme hors le service , ainsi qu'une multitude de bordures et de fragments , enfin vingt tableaux (1) trouvent grâce devant le rigorisme du jury (2).

Cet immense holocauste aux idées du temps ainsi accompli , le jury des arts se transporte à la Savonnerie et rejette *tous les modèles,* les uns parce qu'ils sont usés, et le plus grand nombre parce qu'ils contiennent des emblèmes antirépublicains ; par exception , cependant , deux tableaux de Malaine , « représentant des fleurs sur un fond mordoré, » sont conservés.

Le 7 vendémiaire an III (28 septembre 1794) , le jury se réunit chez le citoyen Vincent et approuve son tableau

« *La veuve du Malabar,* par Lagrenée l'aîné ; sujet rejeté comme présentant des idées atroces.

« *Cléopâtre au tombeau de Marc Antoine,* par Ménageot ; sujet rejeté comme immoral.

« *Polyxène arrachée des bras de sa mère,* par Ménageot ; sujet à rejeter, d'après les personnages qu'il retrace et les idées antirépublicaines qu'il rappelle. »

(1) *La Mort de Socrate,* par Peyron ; *la Reconnaissance d'Oreste et d'Iphygénie,* par Regnault ; *Combat des Romains et des Sabins, apaisé par les femmes sabines,* de Vincent ; *Fête à Palès,* par Suvée ; *Assassinat de Coligny,* par le même ; *Junon parée de la ceinture de Vénus vient trouver Jupiter :* cinq tableaux de l'histoire de Psyché, par Boullogne, d'après Jules Romain ; *l'École d'Athènes* ; *l'Hiver,* par le Brun ; *Mort de Méléagre,* par le même ; *Chasse de Méléagre,* par le même ; *le Jugement de Pâris,* par Mignard ; quatre-vingt-seize études d'animaux, par Boëls, portant un seul numéro ; *Danses,* d'après Jules Romain, par Mignard ; *le Parnasse,* d'après Raphaël ; *Projet d'Alentours,* esquisse représentant Zéphire et Flore, avec des ornements dans le genre arabesque, *idem.*

(2) Ou plutôt de la convention dont les instructions étaient précises : « ... Dans le grand nombre de tableaux qui existent, soit aux Gobelins, soit à la Savonnerie, il en est beaucoup qui présentent des emblèmes et des mœurs qui ne peuvent être tolérés dans une république. Si des artistes ont prostitué leur talent au pouvoir et à la corruption, le gouvernement ne doit pas se rendre complice de leur

de : Zeuxis se choisissant un modèle parmi les plus belles filles de la Grèce.

Il se transporte :

Chez le citoyen David, et arrête que les tableaux de ce peintre : Brutus et le Serment des Horace, sont à conserver sous tous les rapports ;

Chez le citoyen Regnault, et après avoir vu son tableau du Serment républicain, *la liberté ou la mort!* arrête qu'il est admissible, sous tous les rapports ;

Chez le citoyen Lemonnier, et rejette le tableau de ce peintre : Cléombrote et Chélonis.

Le 3 octobre 1794, le jury des arts arrête le programme d'un concours pour la création de modèles propres à la manufacture de la Savonnerie ; les peintres ou décorateurs qui voudront concourir sont invités « à suivre, dans leurs compositions, le bon goût et le beau style antiques dont l'architecture et tous les arts se rapprochent en général. De plus, comme le mécanisme des travaux de la Savonnerie consiste en meubles de divers genres, tels

infamie, en multipliant, en honorant, pour ainsi dire, les monuments de leur bassesse.

« Il est d'autres tableaux dont la composition n'a pas été soignée ; leurs auteurs ont quitté le beau pour se jeter dans la prétention et la manière. Nous devons, par respect pour le peuple, n'offrir à ses applaudissements que des objets qui en soient dignes ; il faut lui former un goût aussi sûr, aussi droit que son sens moral... » (*Instruction de la Commission des arts et de l'agriculture donnée au jury des arts le 25 août 1794.*)

« Seront exclus de l'exécution en tapisserie tous les tableaux présentant des emblèmes ou des sujets incompatibles avec les idées et les mœurs républicaines.

« Les emblèmes proscrits, qui ne se trouveraient dans les tableaux que comme accessoires, pourront, sur l'avis du jury, être remplacés par des emblèmes de son choix. » (*Arrêté du comité de salut public du 17 juillet 1794.*)

que banquettes, canapés, chaises, fauteuils, tabourets, paravents, portières, écrans, tapis dans le genre des mosaïques antiques, et dont les formes et mesures différentes comportent différents procédés, ne permet pas l'exécution des détails minutieux, les artistes auront soin de ne proposer, dans leurs projets, que des formes prononcées et d'un goût simple et grand, et de n'y point mêler des figures humaines qu'il serait révoltant de fouler aux pieds dans un gouvernement où l'homme est rappelé à sa dignité, ne comprenant toutefois, dans cette acception, aucune espèce de chimères, telles que centaures, tritons et autres monstres. »

Les objets mis au concours sont :

Des tapis de diverses formes et grandeurs ;

Des portières de dix pieds de haut sur huit de large ;

Des portières, en deux parties, de douze pieds de haut sur quatre et demi de large ;

Des paravents de quatre, six et huit pieds de haut, sur deux pieds six pouces de large pour chaque feuille ;

Des banquettes de sept pieds de long sur deux pieds six pouces de large ;

Tabourets, canapés, bergères à côtés pleins, fauteuils, chaises, écrans de différentes grandeurs et dans les dimensions généralement reçues...

Les dessins seront peints ou coloriés...

Le 6 octobre 1794, le jury des arts détermine les conditions d'un concours pour fournir des modèles à la manufacture des Gobelins...

« ... Pour les sujets historiques, il recommande aux artistes de s'inspirer, avant tout, des grandes scènes de la révolution française, des actions héroïques des guerriers qui, depuis 1789, ont combattu pour le salut de la patrie... Il faut rappeler à nos descendants tous les actes de vertu qui, parmi nous, et chez les nations anciennes et modernes, ont honoré l'humanité; égayer l'imagination par des sujets agréables puisés dans la Fable et dans les poëmes qui, depuis tant de siècles, sont en possession de notre estime; couvrir une vérité utile du voile ingénieux de l'allégorie, charmer les yeux, plaire à l'esprit et l'instruire; respecter les mœurs et la sévérité des principes républicains.

« Voilà ce qui doit animer les artistes qui voudront consacrer leur talent à la régénération de cet établissement qui, sous tous les rapports, réunit l'utilité, l'agrément et la magnificence. »

Le 30 octobre 1794, le jury des arts se transporte dans la galerie du Muséum et dans les salles de *la ci-devant Académie de peinture*, pour y faire choix de modèles pour la Savonnerie et les Gobelins qui se trouvent absolument, surtout la Savonnerie, dénués de modèles depuis le rejet des anciens et avant que le concours ouvert ait produit un résultat; pour la Savonnerie, le jury choisit :

Deux tableaux de fleurs et de fruits, par Ladey ;

Une chasse à l'ours, une table garnie de différents oiseaux et animaux, par Sneyders ;

Différents morceaux accessoires de chasse et autres, par Benedetto Castiglione ;

Une chasse au lion, par Bachelier ;

Une chasse à l'ours, par le même.

Il choisit pour les Gobelins :

Borée et Orithye, par Vincent (1);

(1) La tapisserie exécutée sur ce modèle par Claude père, l'un des plus habiles artistes de la manufacture des Gobelins, est le premier que l'on ait fait dans le sens droit. « Jusqu'à présent, dit M. Guillaumot, on a toujours renversé sur le côté le tableau à exécuter, en plaçant sa hauteur parallèlement à la longueur du métier, en sorte qu'au lieu d'être éclairé de gauche à droite, il l'est de bas en haut ; d'où il résulte que l'aspect de la tapisserie, tant pour le fabricant que pour le spectateur, n'est point celui de la

L'Étude voulant arrêter le Temps, par Ménageot ;

L'Éducation d'Achille, par Regnault ;

La Paix ramenant l'Abondance, l'Innocence se réfugiant dans les bras de la Justice, par la citoyenne le Brun ;

Déjanire et Nessus, par le Guide ;

Antiope, par le Corrége ;

Un tableau représentant Clio, Thalie et Euterpe ;

Un autre représentant Melpomène, Polymnie, Érato ;

Et un tableau représentant Terpsichore, par Le Sueur.

Le 10 mai 1794, décret de la convention nationale relatif aux tableaux à exécuter en tapisserie à la manufacture des Gobelins :

« La convention nationale, après avoir entendu le rapport de son comité d'instruction publique, décrète :

« Art. 1er. Les tableaux qui, d'après le jugement du jury des arts, auront obtenu les récompenses nationales, seront exécutés en tapisserie à la manufacture des Gobelins.

« Art. 2. Il sera fait incessamment, sous la surveillance de David, des copies soignées des deux tableaux de *Marat* et *Lepelletier* (1), pour être remises à cette manufacture et y être exécutées. »

pièce lorsqu'elle est achevée et mise en place, ce qui est très-désagréable... Le défaut d'habitude a fait trouver le travail plus difficile que par la méthode ordinaire ; mais la persévérance du sieur Claude père a vaincu tous les obstacles, et aujourd'hui tous les morceaux s'exécutent de cette manière. (*Notice sur la manufacture des Gobelins*, p. 25.)

(1) Marat y était représenté *dans le moment où, ayant reçu le coup de poignard dans la baignoire, le sang s'échappait à grands flots de sa blessure.* Michel Lepelletier, tué par le garde du corps Pâris, était représenté *couché sur son lit de mort ; le glaive ensanglanté qui était encore dans sa blessure traversait un papier sur lequel on lisait ces mots : « Je vote pour la mort du roi.* » (Ces deux tableaux, malgré le décret ci-dessus, n'ont pas été reproduits en tapisserie.)

Le 6 juin 1794, un secours provisoire de trente mille livres est accordé par le comité des arts et de l'agriculture aux artistes et ouvriers des manufactures des Gobelins et de la Savonnerie qui, « à raison de la cherté des subsistances, éprouvent les besoins les plus pressants. »

Le 27 juillet 1794, exécution du tapissier haut lissier Mangelschot, âgé de trente ans, officier de la garde nationale, arrêté quelque temps auparavant pour avoir, dans un club, interrompu par une simple observation (1) le discours véhément d'un conventionnel.

Au sujet de la manufacture des Gobelins et des tableaux de David, le ministre de l'intérieur Paré, écrivait à ce peintre, le 20 octobre 1793 :

« Parmi les établissements publics confiés à mon administration, il en est un bien intéressant pour les arts et auquel ton talent, dans celui que tu professes, doit te faire désirer d'être utile : c'est la manufacture des Gobelins. Longtemps courbée sous l'influence de nos tyrans qui la prostituaient à leurs insolents ou frivoles caprices, elle n'a ses magasins remplis que de tableaux propres à perpétuer leur ignoble souvenir, et les habiles et peu aisés ouvriers dont elle doit assurer la subsistance me sollicitent avec instance de leur procurer des originaux plus dignes de leur civisme; ne pourrais-tu pas m'y aider ?... Tes deux tableaux de Lepelletier et de Marat seraient intéressants à multiplier et vaudraient bien, dans les auditoires de tribunaux, ou dans les salles d'assemblées des corps administratifs, les tristes crucifix ou les portraits de rois harnachés dont notre gothique et servile superstition avait coutume de les parer. Je t'invite, David, à examiner cette idée et à la faire valoir, si tu l'approuves. Je t'invite pareillement et en général à t'occuper des moyens de procurer aux Gobelins des originaux républicains. Il serait possible qu'un fonds spécial, accordé pour cet objet, fît partie des encouragements qu'il serait convenable de dispenser aux peintres ; et ce serait servir tout à la fois et la peinture que tes talents honorent, et que tes soins cherchent à secourir, et un atelier précieux qui en a retracé souvent et avec tant de succès les plus célèbres productions. »

(1) « *Mais pour qui et contre qui cette levée en masse?...* » Des amis officieux, pour le rendre plus tôt à sa famille et à la liberté, avaient hâté sa mise en jugement ; mal lui en prit, puisque le jour

Le 18 août 1794, arrêté du comité de salut public qui remet en activité l'atelier de teinture de la manufacture des Gobelins. Le teinturier Galley est placé à la tête de cet atelier (8 novembre 1794).

Le 25 septembre 1794, arrêté du comité d'agriculture et des arts pour le classement des artistes-ouvriers des manufactures des Gobelins et de la Savonnerie ; ils sont distribués en quatre classes et payés, de mois en mois, à raison de :

7 livres par jour, en première classe ;
6 livres *idem*, en seconde classe ;
5 livres *idem*, en troisième classe ;
4 livres *idem*, en quatrième classe.

Les apprentis, distribués en trois classes, reçoivent un encouragement ou indemnité calculée sur leur talent ou leur mérite ; elle est de :

2 livres par jour, en première classe ;
1 livre 5 décimes, en seconde classe ;
1 livre 25 centimes, en troisième classe.

même de son exécution, Robespierre était mis hors la loi, et qu'un jour plus tard il eût été libre. Mangelschot, homme aussi honorable qu'énergique et à qui on n'avait aucun reproche à faire, même sous le rapport du civisme, se défendit si bien devant le tribunal révolutionnaire, que dans toute la salle on disait : « Le tapissier se sauvera!... » Pendant ce temps, son frère, aussi tapissier, engagé volontaire, défendait la république sous les drapeaux.

Deux ans auparavant, la manufacture des Gobelins avait payé, une première fois, le tribut du sang à la révolution, dans la personne de l'aumônier, M. de La Frenée, emprisonné et massacré avec un grand nombre de prêtres.

Enfin, le 2 septembre 1792, le portier de la maison, suisse d'origine, Marcuèt dit Fribourg, était devenu fou en voyant l'un des septembriseurs de Bicêtre et de la Salpétrière aiguiser son sabre pour le tuer.

Par le même arrêté, M. Duvivier, ancien entrepreneur de la Savonnerie, est chargé de diriger cet établissement.

Le 23 février 1795, arrêté du comité d'agriculture et des arts qui accorde aux ouvriers des manufactures des Gobelins, de Sèvres et de la Savonnerie, à cause de la cherté croissante des denrées, un supplément de solde montant au tiers de leur traitement.

Le 14 avril, arrêté (1) du même comité qui rétablit Audran dans les fonctions de directeur des Gobelins.

Le 7 juin, le peintre Belle (Clément-Louis), ancien inspecteur des travaux d'art et professeur de l'école de dessin, est rétabli dans ces fonctions.

Le 20 juin, mort du directeur Audran.

Le 29 juin, il est remplacé par l'ancien directeur Guillaumot.

Le 20 août, pétition des ouvriers de la manufacture des Gobelins à la commission d'agriculture et des arts récla-

---

(1) « Le comité d'agriculture, considérant que la détention du citoyen Audran, directeur de la manufacture nationale des Gobelins, et la destitution qui en a été la suite et peut-être le motif, ne peuvent être regardées que comme des actes purement arbitraires qu'il est de son devoir de réparer, arrête :

« Art. 1er. Le citoyen Audran est rétabli dans sa place de directeur de la manufacture des Gobelins.

« Art. 2. La commission d'agriculture est autorisée à payer au citoyen Audran les indemnités attachées à cette place, depuis l'époque à laquelle il a cessé de les recevoir.

« Art. 3. La commission d'agriculture est autorisée à reprendre le fonds des soies et des laines qu'avait le citoyen Audran, comme chef d'atelier, et à lui rembourser ces objets au même prix qu'ils lui avaient été vendus par le gouvernement.

« Art. 4. La commission d'agriculture est chargée de l'exécution du présent arrêté.

« *Signé* B. Sauveur, Precy, Himbert, Poullain, Grandprey, P. Fliger. »

mant une augmentation de traitement ; le prix de tous les objets de consommation, disent-ils, est augmenté dans d'effrayantes proportions : le pain coûte de douze à seize sous la livre, la viande vaut de huit à dix francs la livre, un boisseau de pommes de terre, vingt-quatre à trente francs (il a valu jusqu'à quarante-huit francs), une chemise coûte deux cents francs, un chapeau, cent cinquante, une paire de souliers, cent à cent trente francs, une voie de bois de quatre à cinq cents francs. Le prix de tous ces objets est, en général, décuplé, le traitement des ouvriers de la manufacture devrait donc être augmenté dans cette proportion ; cependant il n'est que triplé, ce qui les met dans la plus grande détresse. Les ouvriers du dehors sont beaucoup mieux traités ; les simples manœuvres employés dans les carrières gagnent quinze francs par jour ; les Limousins, dix-huit francs ; les carriers, vingt et un francs ; les commis, vingt-quatre francs.

La commission d'agriculture, reconnaissant la justesse de ces observations, propose, et le comité d'agriculture, par arrêté du 5 septembre 1795, accorde un nouveau supplément de cinq francs qui, ajouté aux précédents, porte le traitement total des ouvriers des manufactures des Gobelins et de la Savonnerie à :

20 fr. 33 c. par jour pour la première classe ;
19 fr. *idem* pour la seconde classe ;
17 fr. 66 c. *idem* pour la troisième classe ;
16 fr. 33 c. *idem* pour la quatrième classe.

Le 23 octobre 1795, arrêté du comité de salut public qui accorde une livre de pain et une demi-livre de viande par personne et par jour. Cette prestation est fournie pendant un an.

Toutes ces augmentations ne remédient qu'imparfaitement au mal : la dépréciation croissante du papier-monnaie, l'irrégularité des payements et la modicité des salaires, à la réapparition des espèces métalliques, plongent le personnel des manufactures dans une profonde détresse (1); pendant plusieurs années ce ne sont que plaintes et réclamations (2), une partie des artistes-ouvriers change momentanément de profession; quelques-

(1) « Le gouvernement veut-il ou ne veut-il pas soutenir cette manufacture?... elle est prête à se dissoudre ; les artistes sont ruinés par la dépréciation du signe monétaire; ils voient avec désespoir qu'un bienfait du Directoire exécutif arrêté le 3 de ce mois, lorsque le mandat valait environ cinq francs, ne peut avoir son exécution que le 24, et lorsque le mandat ne vaudra peut-être pas trente sols; en sorte que l'artiste de première classe qui se flattait de recevoir soixante livres en numéraire, ne recevra peut-être pas dix-huit livres; et que l'artiste de dernière classe n'aura pas treize livres pour trente-huit livres quinze sols, et encore faudra-t-il qu'ils perdent, au grand détriment des intérêts de la république, une journée pour aller vendre leurs mandats, et rester, comme à la dernière paye, jusques à dix heures du soir, au milieu des agioteurs, dans l'espoir de tirer un sol de plus pour cent de mandats... Le seul remède à tant de maux est d'autoriser la vente des tapisseries réservées, ou au moins celles de l'état ci-joint ; cette mesure empêchera la dispersion des meilleurs artistes prêts à se livrer à tout autre travail pour pouvoir subsister... » (*Observations du citoyen Guillaumot, directeur de la manufacture des Gobelins, du 5 août* 1796.).

(2) Une pétition des ouvriers de la manufacture des Gobelins, du 15 août 1797, au ministère de l'intérieur, expose qu'il leur est dû plus de *quatre mois*, qu'ils ont tout vendu, jusqu'à leurs draps de lit, pour subsister, qu'ils n'ont plus aucun crédit, même chez les boulangers, et ne peuvent s'acquitter avec aucun de leurs fournisseurs; que la distribution qu'on se propose de leur faire du *sixième* d'un mois ne peut leur être d'aucune utilité, la somme étant trop modique pour payer un seul de leurs engagements; ils se bornent à demander au Directoire exécutif de leur payer au moins la moitié de ce qui leur est dû.

Une pétition des mêmes (3 septembre 1797) s'exprime ainsi :

uns se rendent à l'armée (1) et y trouvent une mort glorieuse; le gouvernement vend à vil prix, pour acheter
du blé ou pour payer les fournisseurs, des prestations en
nature, une quantité considérable de tapis de la Savonnerie et de tapisseries des Gobelins. Le papier-monnaie,
complétement avili, disparaît vers l'an 1797; le traitement des ouvriers des deux manufactures est fixé à
deux francs quinze centimes, deux francs dix centimes,
deux francs cinq centimes et deux francs pour les première, deuxième, troisième et quatrième classes : première et malheureuse application de l'*égalité des salaires*.
Sur les justes réclamations des ouvriers, il leur est
accordé (le 10 juin 1798) une augmentation équivalente
à la moitié de la différence entre leur traitement et celui
dont ils jouissaient en 1791, ce qui produit, selon les
classes, dix francs trente-trois centimes à dix-sept francs
vingt-cinq centimes par personne et par mois.

« Citoyen ministre, nous venons de nouveau vous exposer notre
misère; la trésorerie nationale n'effectue aucun des paiements que
vous ordonnancez à notre profit; sur cent trente-cinq jours de
salaire qui nous sont dus, nous n'avons reçu qu'un à-compte de *cinq
jours*; sans pain, sans vêtements, sans crédit, il nous est impossible
d'exister; nous sommes au désespoir; nous vous prions de nous donner les moyens d'exister ailleurs, si vous ne pouvez nous faire exister ici. »

« Salut et respect. » (Suivent quarante-six signatures.)

Le chef de division de la comptabilité, à qui la pétition est ren-
voyée, répond « que le ministre n'a aucun moyen dont il puisse faire
usage auprès de la trésorerie nationale pour accélérer le paiement
de ce qui est dû aux ouvriers... »

(1) Quinze ouvriers de la manufacture des Gobelins s'étaient en-
rôlés dès le commencement de la guerre; le personnel beaucoup
moins nombreux de la manufacture de la Savonnerie (il ne comptait
que vingt ouvriers au commencement de la révolution) fournit aussi
son contingent à la défense du territoire.

Le 3 décembre 1800, les élèves ou apprentis supprimés par M. Roland sont établis : huit fils de maîtres, dont six en haute lisse et deux en basse lisse, prennent place dans les ateliers.

Le 6 mai 1803, sur la proposition du cardinal-archevêque de Paris, le premier consul rétablit le culte dans la chapelle des Gobelins, et nomme pour aumônier de cette maison M. Pioret, ancien prieur, doyen de Saint-Jean de Dijon.

Le 27 septembre 1803, M. Roard, professeur de physique et de chimie à l'école centrale du département de l'Oise, est nommé directeur des teintures aux manufactures nationales des Gobelins, de la Savonnerie et de Beauvais.

De 1804 à 1848, ces manufactures font partie de la dotation de la couronne et ne fabriquent plus que pour le compte du chef de l'État. Par l'activité imprimée aux travaux, la période impériale est l'une des plus remarquables de leur histoire : les plus petits détails de l'administration de ces établissements passaient sous les yeux de Napoléon, dont la sollicitude est attestée d'ailleurs par un grand nombre d'ordres datés, pour la plupart, des capitales conquises et de lointains champs de bataille. Sous l'action de cette volonté aussi ferme que bienveillante fidèlement transmise à tous les degrés de la hiérarchie administrative, le feu sacré se rallume là où tout était naguère désordre, ruine et désolation.

« Sa Majesté, écrit le comte Daru, intendant général de la maison de l'empereur, à M. Guillaumot, le 21 thermidor an XIII (9 août 1805), est dans l'intention de meubler son palais avec la magnificence qui convient à l'empereur des français ; la perfection où les arts sont portés en France, permet de mettre dans cet ameublement un luxe noble et qu'aucun autre souverain ne pourait égaler (1); la manufacture des Gobelins que vous dirigez avec tant de zèle doit lui en fournir les moyens (2) : les tableaux que vos ouvriers reproduisent avec une perfection inimitable seront désormais le principal ornement des maisons impériales... Sa Majesté désire que vous vous occupiez à reproduire les tableaux qui représentent des sujets pris dans l'histoire de France et particulièrement de la révolution; et comme son règne en sera l'une des époques les plus glorieuses, je ne doute pas que vous ne choisissiez pour modèles les tableaux qui retracent où ses victoires où ses bienfaits; c'est

(1) On trouve, en effet, dans toutes les parties du monde, des peintres, des sculpteurs, des architectes, des décorateurs plus ou moins habiles; la France a *seule* le privilége de créer d'admirables tentures de tapisserie.

(2) M. Guillaumot fut, en effet, l'un des plus habiles et des plus zélés directeurs de la manufacture, qui lui doit son existence pendant une longue et désastreuse période. Quelques perfectionnements introduits par lui dans les ateliers de haute lisse, sont consignés dans deux rapports à l'Athénée des arts, des 27 pluviôse an IX, et 13 pluviôse an XII :

«... On vous à décrit les métiers que notre collègue, M. Guillaumot, directeur actuel, a récemment imaginés et dont les perfectionnements sont tellement supérieurs à ceux des Neilson, des Vaucanson, qu'il paraît difficile d'imaginer rien d'aussi parfait, d'aussi commode, tant pour l'ouvrier que pour la jouissance continuelle et la conservation des tableaux.

« Ces nouveaux métiers vont être mis en activité et convaincront les détracteurs de ce superbe établissement que les tableaux n'y souffriront pas plus que lorsqu'on les grave.... » (*Rapport* du 13 pluviôse an VIII. — 16 février 1801.)

« Comme membre de cette société, M. Guillaumot ne peut recevoir de vos mains la couronne que l'Athénée destine aux inventions utiles, et que lui mériteraient ses talents, son zèle et sa persévérance. Vous ne pouvez que lui donner solennellement un témoignage de reconnaissance pour les perfectionnements qu'il a imaginés et que son caractère doux et liant a fait adopter, malgré la puissance des habitudes, dans l'établissement confié à ses soins, et qui, ainsi régénéré, honorera à jamais l'industrie nationale. » (*Rapport* du 27 pluviôse an IX. — 3 février 1804.)

ainsi que les arts doivent reconnaitre la protection dont Sa Majesté les honore.

« Veuillez aussi, Monsieur, m'envoyer les détails que je vous ai demandés sur vos ateliers, sur le moyen de les augmenter à l'avenir, sur les tableaux que vous faites exécuter en ce moment et sur ceux que vous vous proposez d'exécuter ensuite. J'ai eu l'honneur de vous prévenir que votre mémoire sur ces objets serait remis en original à Sa Majesté, afin qu'elle pût apprécier elle-même vos talents et votre zèle. »

L'intendant général écrit encore à M. Guillaumot, le 4 février 1806 :

« Depuis 24 heures que je suis arrivé à Paris, Monsieur, je n'ai pu avoir encore l'honneur de vous voir; mais je ne veux pas différer plus longtemps de vous entretenir d'un projet que nous avons déjà concerté, vous et moi, pour l'exécution de plusieurs grands tableaux de l'histoire moderne en tapisserie des Gobelins.

« J'ai rappelé hier à Sa Majesté le rapport que je lui avais soumis sur cet objet avant son départ; Sa Majesté a approuvé que l'exécution de ce projet fût commencée par le tableau de la peste de Jaffa, et par celui qui le représente à cheval passant le Saint-Bernard.

« Je vous prie, en conséquence, de faire les plus promptes dispositions pour commencer ces travaux... Pour mettre Sa Majesté à même d'apprécier d'avance l'effet (des tapisseries comme ameublement), il serait important de réaliser la proposition que vous avez faite de décorer la galerie de Diane des Tuileries de tableaux des Gobelins encadrés (1). Je vous

(1) Cette décoration provisoire, achevée le 7 avril 1806, se composait de neuf pièces de tapisserie : Zeuxis choisissant un modèle parmi les plus belles filles de la Grèce, d'après Vincent; Iphigénie et Oreste se reconnaissant, d'après Regnault; Hélène poursuivie par Énée dans le temple de Minerve, d'après Vien; l'Automne (fête à Bacchus), d'après Callet; l'Hiver (fête des saturnales), d'après Callet; Leonard de Vinci mourant dans les bras de François Ier, d'après Menageot; Déjanire enlevée par le centaure Nessus, d'après le Guide; Orithie enlevée par Borée, d'après Vincent; les femmes spartiates

prie de me dire tout de suite ce qui peut manquer pour exécuter ce projet. »

Ainsi mise en demeure de répondre aux intentions du Souverain, la manufacture des Gobelins reproduit d'après les tableaux originaux :

La visite de Napoléon aux pestiférés de Jaffa, d'après Gros ;

Napoléon passant le Saint-Bernard, d'après David ;

Napoléon donnant ses ordres, le matin de la bataille d'Austerlitz, d'après Carle Vernet ;

Napoléon donnant la croix à un soldat russe, d'après Debret ;

Préliminaires du traité de paix de Leoben, d'après Lethiere-Guillon ;

Le 76e de ligne retrouvant ses drapeaux dans l'arsenal d'Inspruck, d'après Meynier ;

Napoléon passant la revue des députés de l'armée, d'après Serangeli ;

Clémence de Napoléon envers la princesse Hatzfeld, d'après Charles de Boisfremont ;

combattant contre des hommes armés qui viennent les troubler dans une fête, d'après le Barbier.

Les tapisseries impériales, qui devaient remplacer ces diverses pièces, dans la galerie de Diane, n'ayant pas été mises en place, on leur a substitué d'anciennes peintures fort inférieures, comme effet, à cette décoration provisoire. L'erreur commune, causée et entretenue par la rareté actuelle des tapisseries, est de croire que la peinture peut remplacer, comme ameublement, ces précieux tissus. Pour se convaincre du contraire, il ne faut que jeter un coup d'œil, à la lueur des bougies, sur un appartement meublé à la fois de tableaux et de tapisseries. Les premiers ne présentent que de grandes surfaces noires et ténébreuses, tandis que les secondes, quelque vieilles qu'elles soient, brillent d'un incomparable éclat, d'une harmonie de couleur singulière, reposant la vue autant que la fatiguent le scintillement des dorures et le chatoiement des étoffes de soie.

Napoléon recevant les clefs de Vienne, d'après Girodet ;

Napoléon recevant à Tilsitt la reine de Prusse, d'après Berthon ;

Entrevue des empereurs Napoléon et Alexandre sur le Niémen, d'après Gautherot ;

Napoléon pardonnant aux révoltés du Caire, d'après Guérin ;

La prise de Madrid, d'après Gros ;

Napoléon rendant au chef d'Alexandrie ses armes, d'après Mulard.

L'Ambassadeur persan Mirza reçu par Napoléon au camp de Finkenstein, d'après Mulard.

La mort du général Desaix, d'après Regnault (1), etc., etc.

Les premiers peintres de l'école française, David, Gros, Girodet, Guérin, Gérard, suivaient eux-mêmes dans les ateliers les tapisseries exécutées d'après leurs modèles ; la même main a peint le tableau du sacre et dessiné des modèles pour l'ameublement du cabinet de l'empereur. Voici ce que le comte Daru écrivait, à ce sujet, au directeur des Gobelins, M. Lemonnier (2) le 30 mai 1811 :

« J'ai l'honneur de vous prévenir, Monsieur, que j'envoie à M. Desmazis, administrateur du mobilier, un dessin de fau-

(1) Quelques-unes de ces tapisseries, inachevées à l'époque de la restauration, ont été démontées et mises de côté ; c'est là l'origine de la plupart des remarquables fragments exposés à la manufacture des Gobelins. Dans les premières années du règne de Louis-Philippe, il fut question de remettre ces fragments sur le métier et de terminer les tapisseries impériales ; mais, par suite de l'emploi des modèles dans le musée de Versailles, ce projet présentant, d'ailleurs, quelques difficultés, n'a pas été mis à exécution.

(2) Peintre d'histoire, nommé directeur des Gobelins en 1811, un an après la mort de M. Guillaumot. Ces fonctions avaient été remplies provisoirement, en 1810, par M. Chanal, secrétaire général.

teuil de représentation, composé par M. David, premier peintre de l'empereur, et que Sa Majesté a agréé pour son grand cabinet aux Tuileries. Je charge M. Desmazis de vous communiquer ce dessin et de vous le remettre aussitôt après qu'il en aura fait faire une copie pour servir de modèle pour la forme en bois.

« Il est indispensable d'adopter, pour la tapisserie, le fond rouge semblable à celui des portières et des rideaux qui se trouvent déjà placés dans le cabinet. Le dessin que M. David a pris la peine de faire pour les fauteuils de représentation, paraît devoir être d'un bon effet. Je vous prie de faire faire, sans perdre un moment, tous les modèles des autres fauteuils, chaises, tabourets, paravents et écrans, des dessins analogues et représentant, soit des figures, comme celui de M. David, soit des trophées.....»

David écrit lui-même à M. Lemonnier, le 25 août 1811 :

« ... Vous m'annoncez que Son Excellence M. l'intendant général vous ayant renvoyé les dessins de l'ameublement, vous êtes chargé par lui d'en faire faire les modèles en grand ; la commission (1) avait, à la vérité, arrêté qu'ils seraient exécutés par M. Debret, peintre, mais Son Excellence M. l'intendant général, n'en ayant pas été informé par moi, vous aura autorisé à les confier à d'autres (2) ; peu importe, pourvu qu'ils soient bien faits et que le caractère antique y soit bien conservé !

« ... Quant à ce que vous me faites l'honneur de me demander, *si l'intention de la commission est que la totalité dudit meuble soit, dans l'exécution en tapisserie, rehaussée d'or,* je vous répondrai par l'affirmative ; et vous concevrez facilement que l'ameublement devant faire suite, tous les meubles qui le composent doivent être uniformément rehaussés d'or, avec la

(1) Elle se composait de David, de M. Denon, directeur des musées, et de M. Fontaine, architecte de l'empereur.

(2) M. Lagrenée, peintre d'ornements, avait été chargé de ce travail par M. Lemonnier ; mais comme il ne s'était pas conformé aux dispositions adoptées, les dessins furent refaits par MM. Debret frères, et la peinture exécutée par Dubois, peintre d'ornements.

seule différence que les fauteuils de Leurs Majestés seront plus riches de dessin, de forme et de dorure.

« Au surplus, je me présenterai mercredi prochain à l'hôtel des Gobelins, vers une heure au plus tard, et là je conviendrai avec vous des moyens d'exécution et d'économie, en conciliant le tout avec la dignité inséparable d'un ameublement destiné à entrer dans les appartements d'un grand empereur. »

L'élément scientifique introduit à la manufacture des Gobelins, sous l'administration de M. d'Angiviller, puis éliminé pour quelques années, par la réforme radicale du ministre Roland, prit une véritable importance à partir de la nomination de M. Roard, comme directeur de l'atelier de teinture. A peine installé dans ces fonctions, M. Roard sollicita et fut assez heureux pour obtenir, par l'influence de MM. Chaptal et Berthollet, la création d'une école pratique de teinture dont le ministre de l'intérieur fit les frais ; on y admettait indistinctement des français et des étrangers ; parmi les premiers, six recevaient du ministère un traitement annuel de mille francs. Malgré le peu de ressources mises à la disposition du professeur, il sortit en peu de temps, de cette école, nombre de sujets distingués (1) qui fondèrent, à Paris, à Lyon, à Tours, à Rouen, à Mulhouse, à Avignon, à Turin des ateliers de teinture renommés pour la beauté, la solidité et la perfection de leurs teintures.

Des travaux théoriques des prédécesseurs de M. Roard il ne restait absolument rien ; de nombreuses expériences durent être faites pour déterminer de nouveau les matières et les meilleurs procédés de teinture des laines et des soies employées dans la fabrication des tapisseries, problème

_____

(1) MM. Beauvisage, à Paris ; Renard, à Lyon ; Perdreau, à Tours ; Gonfreville, à Rouen, etc.

que compliquait le caractère particulier de modèles exclusivement empruntés à l'école de David. M. Roard s'exprime
ainsi lui-même à ce sujet :

« ... La manufacture des Gobelins n'avait autrefois à exécuter que des tableaux... de couleurs très-intenses et très-tran-
chées, se prêtant à une parfaite exécution en tapisserie, couleurs qui, alors, conservaient toute leur fraîcheur et leur
harmonie... Les nuances de laine et de soie, assez distantes
les unes des autres, ne se composaient chacune (des demi-
teintes aux couleurs les plus foncées) *que de dix à quinze couleurs.* Mais quand il a fallu exécuter les tableaux de David et
de ses élèves, Gerard, Gros, Guérin, Girodet, ces habiles
artistes nous ont forcé, malgré nos observations, à augmenter d'une manière considérable notre ancienne palette, et
de faire des nuances très-rapprochées entre elles, *qui alors
se composaient, à partir du blanc, de trente à trente-six couleurs.*

« Comme je connaissais assez particulièrement tous ces
grands peintres, je leur ai fait observer que, pour nous rap-
procher le plus possible de leurs tableaux, nous ne pou-
vions donner aux tons si clairs qu'ils demandaient la même
solidité et la même durée à l'air que celle des demi-teintes et
des couleurs foncées; qu'après un temps assez court, l'harmonie qui existait primitivement serait détruite, et qu'enfin,
par leur faute, on dirait plus tard que l'art de la fabrication
des tapisseries a rétrogradé, malgré les perfectionnements
nouveaux et très-importants apportés tant dans cette même
fabrication que dans les teintures. Cependant on ne tint
aucun compte de ces motifs si positifs; l'administration des
Gobelins fut obligée de céder au désir de ces grands peintres
et de se conformer à leurs exigences...

« Pendant que M. David s'occupait de terminer son tableau
du sacre qui devait être exécuté en tapisserie, j'allais assez
souvent dans son atelier, place de la Sorbonne.

« En admirant le côté droit de son tableau, dans lequel
sont groupés l'empereur, le pape et tous les maréchaux, je
lui disais : — Nous ferons pour cette partie une très-belle
tapisserie, attendu la beauté, la richesse et la variété des cos-

tumes; mais comment voulez-vous que nous, dont les moyens
d'exécution en couleurs solides sont très-bornés, nous puis-
sions faire quelque chose de bien durable pour le côté gauche, dans lequel se trouvent l'impératrice, les princesses et
les dames de sa suite, toutes habillées en blanc? — Vous ferez
comme vous le pourrez, me répondit ce grand peintre; mais
vous n'aurez jamais autant d'ennuis que j'en ai éprouvés
pour ce tableau de commande, dans lequel j'ai été obligé de
placer mes personnages d'après un programme officiel.

« ... Dès l'année 1804, j'avais reconnu que la fabrication
des tapisseries a des limites qui sont celles de la palette du
teinturier en couleurs solides, limites qu'elle ne doit jamais
dépasser, si l'on ne veut pas courir la chance de voir ces magnifiques produits qui, d'abord en sortant de dessus nos métiers, ne laissent rien à désirer, perdre ensuite, après quelques années de leur exposition à l'air, une grande partie de
leur fraîcheur et toute leur harmonie... »

Beaucoup de tapisseries de l'école de David présentent,
en effet, les défauts d'accord prévus par M. Roard (1),
défauts qui ne procèdent pas uniquement des conditions
spéciales des modèles, mais aussi du mode de fabrication :
la teinture ne fournit pas, à elle seule, quelque perfectionnés que soient ses procédés, les moyens de reproduire
complétement et d'une manière durable, avec la laine et
la soie, les nuances légères, la transparence, les effets si

(1) Les bornes que nous nous imposons, à regret, ne nous per-
mettent pas de suivre M. Roard dans toute la carrière qu'il a si hono-
rablement parcourue aux Gobelins, de 1803 au 4 mai 1816, époque
de la suppression momentanée des fonctions de directeur des teintures ; on doit à ce savant chimiste de nombreuses expériences sur
l'emploi en teinture de l'indigo, du bleu de Prusse, de la garance,
dont les résultats sont consignés dans le Bulletin de la société d'encouragement et dans d'autres recueils scientifiques ; des mémoires :
1° sur l'alunage et l'influence des divers états des laines en teinture ;
2° sur le décreusage de la soie ; 3° sur les mordants ; 4° sur l'influence
de l'alun de Rome comparé à ceux de France, qui ont été approuvés
par l'institut et publiés dans le recueil des savants étrangers.

naturels de la peinture à l'huile. Après une longue suite d'essais et de mécomptes, l'artiste tapissier s'en est convaincu ; c'est alors que, perfectionnant ses procédés de tissage et de mélange des couleurs, il est parvenu, par *le travail des hachures à deux et même à trois nuances*, à opérer de nouvelles combinaisons, à *enter* (c'est le mot propre) les couleurs les unes dans les autres et à leur donner l'accord, le soutien, la transparence vainement cherchés jusque-là, ou incomplétement trouvés. Cette dernière évolution de l'art des tapisseries s'est accomplie sous l'administration de M. le baron des Rotours (1) :

« ... Le premier essai du *travail à deux nuances*, nous dit M. Lucas (Abel), professeur des écoles de dessin, de tapisseries et de tapis de la manufacture des Gobelins (2), a été fait, vers 1812, par M. Deyrolle (Gilbert) (3), artiste tapissier de basse lisse ; le mélange des soies qu'on employait doubles et de couleurs différentes, lui en avaient donné l'idée ; il ne l'appliqua toutefois que d'une manière restreinte. Son fils, M. Deyrolle (Gilbert), chef d'atelier, la communiqua à M. Rançon (Louis), et bientôt tous deux commencèrent à la convertir en théorie, puis à l'appliquer d'une manière générale.

« Lors de la supression de l'atelier de basse lisse, en 1825, ces deux artistes importèrent leur nouveau procédé dans l'atelier de haute lisse, où déjà des essais avaient été faits pour mélanger deux nuances sur laine, comme on le faisait pour la soie ; mais comme les laines, pour pouvoir être doublées, devaient être de moitié plus fines, ce qui eût entraîné le renouvellement total du magasin et une fabrication plus dispendieuse, ces essais n'avaient pas eu de suite.

« Le nouveau procédé s'est perfectionné en haute lisse,

(1) Nommé, le 4 mai 1816, en remplacement de M. Lemonnier.
(2) Nommé, en 1848, professeur de l'école de dessin, et, en 1850, professeur des écoles de tapisseries et de tapis.
(3) Mort en 1814.

mais il n'a guère fallu moins de 7 à 8 ans pour sa généralisation dans les ateliers; aujourd'hui sa supériorité est si bien reconnue qu'à de rares exceptions près il est seul employé. C'est, en effet, le seul mode de travail actuellement connu qui permette d'obtenir au plus haut degré possible :

« Exactitude dans la traduction du coloris du modèle.

« Accord durable dans les nuances employées.

« Transparence. »

Quelques-uns des artistes tapissiers employés, de 1829 à 1838, à la reproduction d'une partie de l'histoire allégorique de Marie de Médicis, de Rubens (1), MM. Buffet, Gilbert, Lucien Deyrolle, etc., ont singulièrement contribué au perfectionnement et à la diffusion de cette nou-

(1) Henri IV confiant le gouvernement à la reine; tapisserie commencée le 1er septembre 1829, terminée le 13 janvier 1835;

La reine Marie de Médicis, au pont de Cé; tapisserie commencée le 1er mai 1830, achevée le 8 décembre 1838;

Marie de Médicis, sous la figure de Bellone; tapisserie commencée le 1er juin 1832, achevée le 3 décembre 1834;

Henri IV recevant le portrait de Marie de Médicis; tapisserie commencée le 12 octobre 1832, terminée le 10 avril 1835;

Le Temps découvre la Vérité; tapisserie commencée le 2 janvier 1835, terminée le 15 avril 1838;

La naissance de Louis XIII; tapisserie commencée le 15 mars 1822, terminée le 5 novembre 1838;

Le mariage de Henri IV à Lyon; tapisserie commencée le 1er septembre 1828, terminée le 13 avril 1835;

Conclusion de la paix; tapisserie commencée le 1er février 1829, terminée le 25 novembre 1834;

Réconciliation de Marie de Médicis avec son fils; tapisserie commencée le 10 février 1829, terminée le 21 novembre 1836;

Naissance de Marie de Médicis; tapisserie commencée le 20 février 1829, terminée le 15 décembre 1834;

L'arrestation de Marie de Médicis à Blois; tapisserie commencée le 8 janvier 1835, terminée le 17 mai 1839;

Les trois Parques; tapisserie commencée le 15 janvier 1835, terminée le 15 juillet 1838.

velle méthode, qui n'est pas la seule amélioration effectuée à cette époque. Nous extrayons ce qui suit d'une notice rédigée et publiée par M. le baron des Rotours, en 1830 (1) :

« ... D'utiles innovations ont amélioré toutes les branches du service de la manufacture.

« C'est aux autorités supérieures, de la volonté desquelles elles dépendaient ; c'est surtout à la coopération unanimement dévouée, loyale et franche qui les a rendues si faciles que revient le mérite de ces améliorations. Nous n'avons donc point à les taire et nous allons les passer en revue :

« Un cours de chimie appliquée à l'art de la teinture a été institué.

« Ce cours, dont la pensée appartient à M. le comte de Pradel, rend à l'industrie manufacturière d'éminents services, depuis surtout qu'il a pour professeur un savant aussi distingué que M. Chevreul (2), membre de l'académie des sciences, directeur actuel des teintures des manufactures royales.

« On a su vaincre enfin la répugnance et les préjugés héréditaires qui, depuis l'origine de la manufacture, s'opposaient à la suppression du mode de fabrication, dit de basse lisse, dont l'imperfection frappait tous les yeux (3).

---

(1) M. des Rotours a été mis à la retraite en juillet 1833, et remplacé par M. Lavocat.

(2) M. Chevreul, nommé en 1824, succède à M. le comte de la Boullaye Marillac, directeur des teintures depuis 1816.   A.-L. L

(3) Les perfectionnements introduits dans les métiers de basse lisse, par Vaucanson, n'en ont pas moins laissé subsister l'un des plus graves inconvénients inhérents à la nature même dudit métier, celui de ne pas permettre à l'ouvrier de voir le résultat de son travail aussi souvent qu'il le veut ; l'opération de relever le métier, de déplacer le calque placé sous la chaîne, de le replacer ensuite en rapport exact avec le dessin de la tapisserie, n'est pas si prompte et si facile qu'on puisse perpétuellement la répéter. Cette opération ne se fait qu'à chaque *pliée* de la tapisserie, c'est-à-dire à peu près quand tout un bandeau de la largeur du métier a été exécuté. La supression de ces métiers, aux Gobelins, en 1825 (décision du 4 mai), s'est combinée avec la réunion de la manufacture de la Savonnerie à celle des

« Il n'y a plus maintenant aux Gobelins que des métiers de haute lisse.

« On est parvenu, par un procédé fort simple (1), à éviter de rouler les tableaux qui servent de modèles aux tapisseries; et on a ainsi levé l'obstacle qui déshéritait la manufacture des Gobelins des modèles que l'administration du Musée jugeait trop parfaits pour leur laisser courir les chances des accidents auxquels la nécessité de les rouler les aurait exposés. M. le comte de Forbin s'empresse maintenant de les mettre à notre disposition; et des chefs-d'œuvre de Rubens, qui n'avaient jamais été traduits en tapisserie, sont en ce moment sur les métiers.

« Le régime de la tâche, destructif de la perfection puisqu'il excite à la sacrifier à la quantité de l'ouvrage; ce régime dont la fabrication des tapisseries avait été précédemment affranchi, a été pareillement supprimé dans les ateliers destinés à la fabrication des tapis (2).

« L'étude du modèle vivant, si nécessaire à des travaux qui ont une base commune à tous les arts du dessin, a complété la régénération de l'école destinée à l'enseignement de cet art (3), école qui avait été supprimée après le 10 août 1792, comme si son existence et sa bonne direction n'étaient pas, pour la fabrication des tapisseries, le premier moyen de perfectionnement.

« Enfin on a créé des écoles de tapisseries et de tapis, alimentées par le concours de l'école de dessin; ces écoles alimentent à leur tour les ateliers de tapisseries et de tapis, où tous les rangs, toutes les récompenses se gagnent pareillement au concours, et où, par tous les moyens qui peuvent

---

Gobelins, réunion qui avait été proposée par Soufflot dès 1774. Les ouvriers en basse lisse se sont successivement formés au travail de la haute lisse et n'ont pas quitté la manufacture des Gobelins; les métiers de basse lisse ont été envoyés à Beauvais.　　　　A.-L. L.

(1) Voyez la note, pag. 91.　　　　A.-L. L.

(2) Le régime du travail à la tâche, supprimé à la Savonnerie en 1790, y avait été rétabli en 1805.　　　　A.-L. L.

(3) Supprimée, de nouveau, *comme inutile*, en 1848, l'étude du modèle vivant a été rétablie en novembre 1850.　　　　A.-L. L.

l'exciter et l'entretenir, on a porté au plus haut degré l'émulation qui, dans toutes les carrières, mène à tous les succès.»

Parmi les très-nombreuses pièces de tapisseries exécutées sous l'habile administration de M. des Rotours, nous nous bornons à nommer les sujets suivants :

Pierre le Grand sur le lac Ladoga, terminée en 1819, d'après Steuben; donnée en présent à l'empereur de Russie;

Henri IV rencontrant Sully blessé à la bataille d'Ivry, terminée en 1820; donnée au roi de Naples et de Sicile.

Sept sujets de la vie de saint Bruno, d'après Le Sueur;

La mort de saint Louis;

Henri IV présidant les états de Rouen;

Henri IV présentant Crillon aux seigneurs de sa cour;

Saint Louis médiateur entre le roi d'Angleterre et les barons;

Saint Louis recevant les députés du Vieux de la Montagne;

François Ier refusant l'hommage des Gantois;

François Ier confiant la garde de sa personne aux Rochelais;

Ces sept pièces terminées de 1822 à 1827, d'après Rouget.

Martyre de saint Étienne, d'après Abel de Pujol, achevée en 1824, donnée à S. S. le pape en 1826;

Phèdre et Hippolyte, d'après Guérin, terminée en 1823;

Bataille de Tolosa, d'après Vernet (Horace) achevée en 1827;

François Ier et Charles-Quint visitant l'église de Saint-Denis, d'après Gros, terminée en 1828;

Sainte Famille, d'après Raphaël, terminée en 1821;

Pyrrhus prenant Andromaque sous sa protection ; terminée en 1832 ;

Le peintre Guérin écrivit à **M.** des Rotours au sujet de cette dernière tapisserie, parfaitement exécutée par **M** Fleury :

« Paris, le 11 janvier 1833.

« Monsieur le baron,

« Un mieux, qui me donne de l'espoir pour le retour de ma santé, m'a permis d'aller voir mardi votre belle exposition, et je me reproche d'avoir différé deux jours à vous témoigner ma satisfaction de la manière dont vos artistes des Gobelins (car ce sont de vrais artistes) ont traduit mon tableau de Pyrrhus et Andromaque. Je ne puis que me féliciter de voir mes ouvrages reproduits avec cette exactitude, je puis dire même avec cette perfection, dans un genre dont ils ont, sous votre direction, Monsieur, reculé les limites. Veuillez en agréer mes témoignages de reconnaissance ; car je ne doute pas de l'heureuse influence de votre sollicitude dans cette réussite, et de tous les soins que vous avez bien voulu prendre pour qu'elle fût complète.

« A ces expressions bien sincères de gratitude, veuillez joindre l'hommage de la haute considération avec laquelle j'ai l'honneur, etc.

« Guérin. »

Nous citerons encore, de la même époque,

Les portraits :

De Louis XVI, d'après Callet, achevé en 1817 ;

De Marie-Antoinette entourée de sa famille, achevé en 1818, d'après Mme le Brun ;

Du comte d'Artois, terminé en 1819, d'après Gérard, donné en présent au roi de Prusse ;

De Louis XVIII, achevé en 1829, d'après Robert le Fèvre ;

De Charles X, terminée en 1827, d'après Gérard ;

De Mme la duchesse de Berry et de ses enfants, d'après le même (1827).

La reproduction en tapisserie, d'une partie des compositions de Raphaël, *les Actes des apôtres*, d'après d'anciennes copies appartenant à la cathédrale de Meaux, faites, à l'époque de Louis XIV, sur les tapisseries du vatican par les élèves de l'école française de Rome ;

Nombre de portières, d'entre-fenêtres, de tentures diverses, d'ornements sacerdotaux, de bannières, d'après Guérin, Gros, Delaroche, etc. (1).

Sous le règne de Louis-Philippe, quelques œuvres capitales sont achevées, entre autres les tapisseries d'après Rubens et les Actes des apôtres d'après Raphaël, le Massacre des Mamelucks (2), d'après Vernet (Horace) ; des portraits du roi et de quelques membres de sa famille. On commence, d'après MM. Alaux et Couder, une suite de tapisseries destinées au salon dit de famille des Tuileries,

---

(1) Pendant l'administration de M. des Rotours, les travaux d'art ont été sous l'inspection de la plupart des peintres, auteurs des modèles, et sous l'inspection particulière de M. Cassas, habile dessinateur, et professeur de l'école de dessin de la manufacture, nommé, en remplacement de M. Augustin Belle, le 4 mai 1816 ; M. Mulard peintre lui fut adjoint, le 1er janvier 1821, et exerça seul cette double fonction, de 1827, époque du décès de M. Cassas, à 1848.

(2) Cette magnifique tapisserie, exécutée, presque en totalité, par M. Rançon (Louis), a figuré à l'exposition universelle de Londres, où elle a excité une juste admiration. L'harmonie parfaite de toutes les parties de cette vaste toile, la fidélité de la reproduction en font un véritable chef-d'œuvre, et le peintre put dire aux artistes-ouvriers de la manufacture, en se voyant si heureusement traduit, *qu'ils avaient mieux fait que lui* ; paroles aussi honorables pour leur auteur que pour les laborieux artistes à qui elles ont été adressées. La tapisserie des mamelucks a été offerte, en présent, à la reine d'Angleterre par le gouvernement français.

représentant quelques-unes des résidences royales : les châteaux de Pau, de Fontainebleau, de Saint-Cloud, les galeries de Versailles (1), le Palais-Royal, etc.

On commence aussi, à la manufacture de la Savonnerie, un tapis d'une remarquable composition par MM. Sechan et Diéterle, et quelques meubles de petite dimension, chaises, fauteuils, écrans, fabrication qui, depuis quarante ans environ, était à peu près abandonnée, et qu'il était utile de rétablir, ne fût-ce que pour introduire dans le travail des tapis plus de variété, de finesse et de perfection.

Si la période impériale avait été aussi pour cet établissement une ère de prospérité (2), on ne peut nier que l'annexion à la manufacture des Gobelins et la participation à toutes les ressources artistiques réunies de longue main dans cette dernière maison n'aient singulièrement contribué à perfectionner les produits de la Savonnerie ; la comparaison de quelques tapis d'ancienne date avec ceux que l'on fabrique aujourd'hui ne laisse à ce sujet aucun

(1) En mars 1848, cette partie, la plus riche de toute la composition, a été malheureusement détruite et remplacée par un fond insignifiant. Pour remplir ce vide, on exécute depuis quelques mois une vue du château du Louvre et des Tuileries.

(2) Par ordre de l'empereur, le personnel de la Savonnerie avait été doublé, et une grande activité imprimée aux travaux qui s'exécutaient en général, à cette époque, d'après les modèles de MM. Percier et Fontaine, architectes de l'empereur, Barrabant, Lagrenée, Dubois, peintres d'ornements. Sur la fin de l'empire et sous la restauration, M. de Saint-Ange, architecte inspecteur des constructions de la Bourse, attaché aux manufactures de la couronne (de 1810 à 1843), a dessiné plus de vingt modèles de tapis, peints pour la plupart par M. Dubois, peintre décorateur, et quelques-uns des derniers par M. Deyrolle.

M. Duvivier (Saint-Ange), nommé en 1807, après la mort de son père, a été le dernier directeur particulier de la manufacture de la Savonnerie.

doute, et l'exposition universelle de Londres a montré que, dans ce genre de travail comme dans la fabrication des tapisseries, les artistes tapissiers réunis aux Gobelins n'avaient pas de rivaux.

En 1848, M. Lavocat est remplacé par M. Badin, peintre; l'inspecteur Mulard est mis à la retraite; l'administration de la manufacture de Beauvais est réunie à celle des Gobelins; toutes deux rentrent, ainsi que la manufacture de Sèvres, dans le domaine national, et sont placées dans les attributions du ministère du commerce et de l'agriculture; un conseil, dit *de perfectionnement*, composé de peintres, d'architectes, de sculpteurs, de quelques représentants, amis des arts et des administrateurs des manufactures nationales, est chargé, ainsi que l'indique son titre, d'étudier toutes les questions qui se rattachent au travail artistique et au progrès desdites manufactures nationales (1).

En 1850 (29 septembre), les administrations de Beauvais et des Gobelins sont de nouveau séparées : M. Badin est nommé directeur de la manufacture de Beauvais, et M. Lacordaire (Adrien-Léon), directeur de la manufacture des Gobelins.

(1) En 1851 il était composé de MM. d'Albert de Luynes, président; F. de Lasteyrie, ancien représentant; Victor de Lavenay, secrétaire général au ministère du commerce; Paul Delaroche, peintre d'histoire; Ary Scheffer, peintre d'histoire; de Nieuwerkerque, directeur des musées nationaux; Labrouste, architecte; Duban, architecte; Violet-Leduc, architecte; Sechan, peintre décorateur; Klagman, sculpteur; Ebelmen, directeur de la manufacture de porcelaine de Sèvres; Diéterle, peintre décorateur, inspecteur des travaux d'art de Sèvres; Badin, directeur de la manufacture de Beauvais; Lacordaire, directeur des manufactures des Gobelins et de la Savonnerie; Chevreul, directeur des teintures aux Gobelins; Ch. L. Muller, peintre d'histoire et inspecteur des travaux d'art aux Gobelins; Cherubini, chef de bureau au ministère du commerce, secrétaire du conseil.

En 1851, la grande médaille de l'exposition de Londres est décernée aux manufactures des Gobelins et de Beauvais, avec le considérant suivant (Extrait du *Moniteur universel* des 16 octobre et 19 novembre 1851) :

Invention du cercle chromatique (1) pour la teinture des tapisseries, beauté et originalité des dessins et perfection

(1) Cette invention appartient à M. Chevreul, membre de l'Institut, directeur de l'atelier de teinture, depuis 1824.

Les *cercles chromatiques* doivent être au nombre de *dix*; un seul, comprenant les couleurs simples et binaires, a figuré à l'exposition de Londres; les couleurs y sont fixées, au moyen de la teinture, sur des écheveaux de laine, à égale distance l'une de l'autre, et au nombre de soixante et douze. Les neuf autres cercles comprendront chacun les soixante et douze couleurs du premier, ternies par du noir, à différents degrés, de sorte qu'à l'aide de ces cercles, il sera possible de terminer toutes les couleurs que l'on nomme *rabattues* ou *rompues*, de même qu'avec le premier cercle on détermine les couleurs franches. A l'aide des neuf derniers on pourra démontrer que la couleur brique la plus ordinaire, par exemple, est le *premier rouge orangé* du premier cercle terni par trois dixièmes de noir ; que la couleur dite *bois de chêne*, la plus ordinaire, est *l'orangé* du premier cercle terni par cinq dixièmes de noir, etc.

Et comme des soixante et douze couleurs de ce premier cercle dont les distances sont égales et désormais fixées, ving-trois au moins se rapportent à vingt-trois couleurs du spectre solaire, il en résulte que le cercle chromatique pourra être reproduit partout, en imitant, par des moyens de coloration quelconques, les vingt-trois couleurs du spectre, et en intercalant entre elles, à distances égales, les quarante-neuf autres couleurs ; il résulte enfin de ces beaux travaux exécutés à la teinturerie des Gobelins que la détermination de toutes les nuances possibles, d'une manière absolument invariable, au moyen d'un étalon primitif pris dans la nature, est un fait désormais acquis à la science et qu'une langue nouvelle, universelle, parfaitement exacte, est créée dans tous les arts basés sur l'emploi, la recherche ou la production des couleurs.

Cette remarquable invention, celle du contraste des couleurs, également propre à M. Chevreul, et dont l'application pratique est immédiate dans l'art du peintre, du tapissier, du mosaïste, ont marché de front avec de nombreux perfectionnements introduits

extraordinaire d'exécution de la plupart des produits exposés.

En 1852 (janvier), les manufactures et les palais nationaux sont attribués au ministère d'État. La même année, un sénatus-consulte (11 décembre) rend les manufactures nationales à leur destination naturelle, qui est de décorer la résidence du souverain, de contribuer au progrès des arts et à la gloire nationale.

depuis quelques années dans la teinture des laines et des soies employées aux Gobelins, à la Savonnerie et à Beauvais.

CHAPITRE V.

Les laines et les soies teintes appartenant aux deux fabrications des Gobelins sont emmagasinées à proximité
de chacune d'elles : 1° dans un magasin général où elles
sont disposées par écheveaux ; 2° dans un magasin de détail
où elles sont sur broches prêtes à être employées ; de plus,
à chaque métier est affectée une armoire particulière où
sont déposées les laines assorties par l'artiste pour son
travail et celles qui lui ont déjà servi, mais qui pourront
encore lui être utiles dans l'exécution de la tapisserie sur
le métier.

Les artistes-ouvriers, indépendamment du tissage des
tapisseries, exécutent eux-mêmes tout ce qui concourt à
la fabrication ; ils ourdissent la chaîne, l'appliquent sur le
métier, calquent et décalquent leur tableau (1), assortis-
sent les laines coloriées dont ils ont besoin. La surveillance
des ateliers et l'inspection du travail appartiennent aux
chefs d'atelier (2) auxquels suppléent, en leur absence,

(1) Un peintre attaché à l'établissement était autrefois spécialement chargé de calquer les tableaux ; mais on a reconnu qu'il y avait
avantage à faire exécuter cette opération par les artistes-ouvriers
eux-mêmes, et ces fonctions, exercées en dernier lieu par M. Drabot,
ont été supprimées au commencement du siècle.

(2) M. Limosin, dit Laforest, dirige l'atelier des tapisseries de-

les sous-chefs (1) choisis parmi les anciens et habiles ouvriers ; un peintre d'histoire portant le titre d'inspecteur
des travaux d'art (2), visite les ateliers au moins une fois
par semaine.

Les métiers, dits de haute lisse, employés dans les
deux fabrications, ne diffèrent que par leurs dimensions et
par quelques détails peu importants. Les plus grands sont
ceux sur lesquels on fabrique des tapis ; leurs dimensions
sont, en général, calculées sur celles des vastes appartements qu'il s'agit de meubler ; quelques-uns n'ont pas
moins de dix à onze mètres de longueur. Ceux de tapisserie ont de quatre à sept mètres de longueur (voy. la figure,
p. 165) ; ils se composent d'une paire de forts cylindres
de bois de chêne ou de sapin, dits *ensouples*, disposés
horizontalement dans le même plan vertical et à quelque
distance (de $2^m 50$ à 3^m, d'axe en axe) l'un de l'autre,
supportés par de doubles montants en bois de chêne
appelés *cotrets*, établis de manière à leur permettre de
s'écarter plus ou moins et à faire tendre les fils de la
chaîne ; ceux-ci sont enroulés et fixés sur les ensouples
par une tringle dite *le verdillon*, engagée dans une rai-
nure longitudinale creusée dans toute la longueur des ensouples. Les ensouples sont armées, à chacune de leurs

puis 1828. M. Legrand dirige l'atelier de tapis depuis quelques mois,
après avoir exercé comme sous-chef pendant 21 ans.

(1) Les titulaires sont :
Dans l'atelier de tapisserie : MM. Duruy, Buffet, Gilbert ; dans l'atelier de tapis : MM. François fils et Bordot.

(2) Le titulaire actuel est M. Muller (Charles Louis), auteur de
deux tableaux exposés au musée impérial du Luxembourg : *Lady
Macbeth* ; *l'Appel des dernières victimes de la terreur*. M. Muller a
succédé à M. Sébastien Cornu, peintre d'histoire.

extrémités, d'une frette dentée, à déclic en fer, servant à les fixer solidement au point voulu, et terminées par un tourillon engagé dans de forts coussinets en bois dans les—

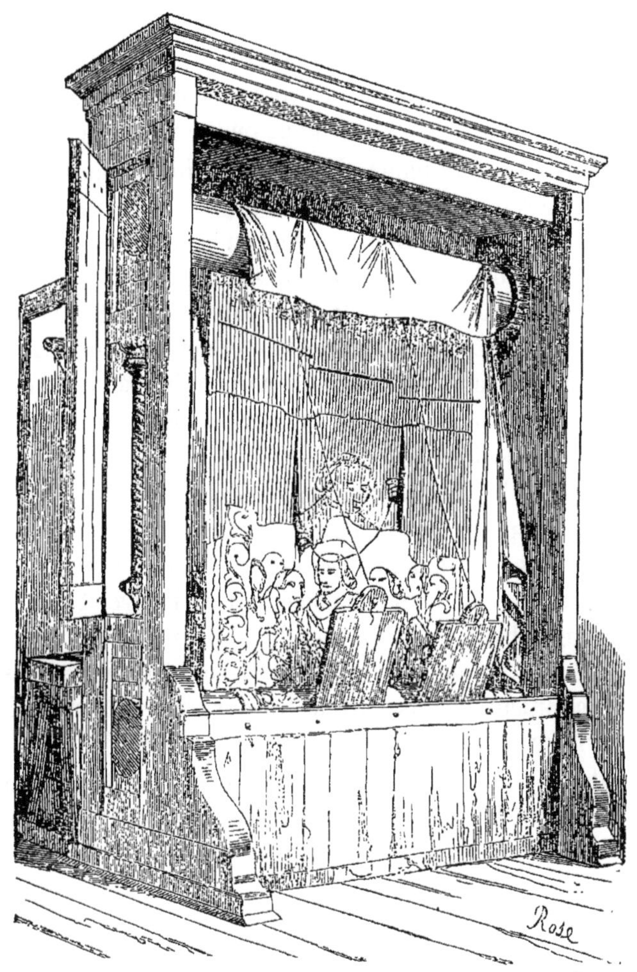

Métier de haute lisse pour tapisserie.

quels s'accomplit leur mouvement de rotation. Ces coussinets sont mobiles (c'est en général le coussinet supérieur) dans l'intérieur des cotrets, au moyen de rainures dans lesquelles ils glissent. Le dernier degré de tension est donné à la chaîne par une vis de pression en fer qui, logée dans le vide des cotrets et placée entre les deux coussinets, fait monter ou descendre à volonté celui qui est mobile, en s'appuyant sur le coussinet fixe, ou sur une traverse.

Quand on veut tendre la chaîne, enrouler ou dérouler des parties de tapisserie, on fait tourner les ensouples au moyen de leviers en fer ou même en bois, qui s'engagent dans des trous pratiqués à cet effet, à chacune de leurs extrémités. La portion de tissu fabriquée s'enroule sur l'ensouple inférieure, en amenant et développant de l'ensouple supérieure une nouvelle portion de chaîne et ainsi, partie par partie, jusqu'à ce que la pièce en cours de fabrication soit terminée.

Il serait beaucoup trop long d'expliquer comment on ourdit la chaîne, comment elle se place sur le métier dans une situation parfaitement verticale, tous les fils ou brins exactement à la même distance l'un de l'autre et de plus avec une division de dix en dix, par un fil autrement coloré que les autres, quand il s'agit du métier à tapis; ces minutieux détails peuvent trouver place dans un traité technique, mais non dans cette courte notice.

Il suffira de savoir que, dans l'une comme dans l'autre fabrication, la chaîne, qui est en laine, en coton, ou même en soie (1) à quatre, cinq et six brins, retorse, parfaite-

(1) La soie n'a eu cet emploi qu'à titre d'essai au commencement du siècle et pendant un petit nombre d'années.

ment unie, se divise, lorsqu'elle est tendue, en deux nappes (1) dont l'écartement est maintenu, d'abord par une ficelle dite de *croisure a a*, puis par un bâton *b* ou même par un tube de verre d'un diamètre de deux à deux centimètres et demi, dit *bâton d'entre-deux ;* qu'à chaque fil de la nappe postérieure (relativement à l'ouvrier) est passée, à la hauteur de la main de l'ouvrier, une cordelette *c d*, en forme d'anneau, appelée *lisse*, fixée à l'opposé sur une forte perche dite *la perche des lisses c* (2), et que ces lisses servent à ramener partiellement avec la main, à chaque passée de la trame, la nappe de derrière à la partie antérieure, en croisant les fils, ce qui, pour la tapisserie, produit un tissu fort analogue à celui de la toile ordinaire ; la seule différence essentielle consistant en ce que, dans la tapisserie, la chaîne est entièrement couverte par l'exacte superposition des fils de la trame, tandis que dans la toile ordinaire, la chaîne n'est couverte que deux en deux fils. Les deux figures, pag. 168, expliquent, en plan et en élévation, le tissu de la tapisserie : dans la

Coupe verticale comprenant les ensouples et la chaîne.

----

(1) Avec cette différence que, dans le métier à tapis, la chaîne est double.

(2) Dans le métier à tapisserie, la perche des lisses se subdivise en plusieurs parties indépendantes, mesurant par leur longueur ce

figure 1 , qui représente une coupe partielle du tissu , la chaîne est indiquée par les lettres B. B., et par une série de petits cercles , la trame par la cordelette qui enveloppe ces cercles.

La figure supérieure montre les mêmes fils et la trame en perspective.

Dans le métier à tapisserie (p. 165), l'ouvrier est placé

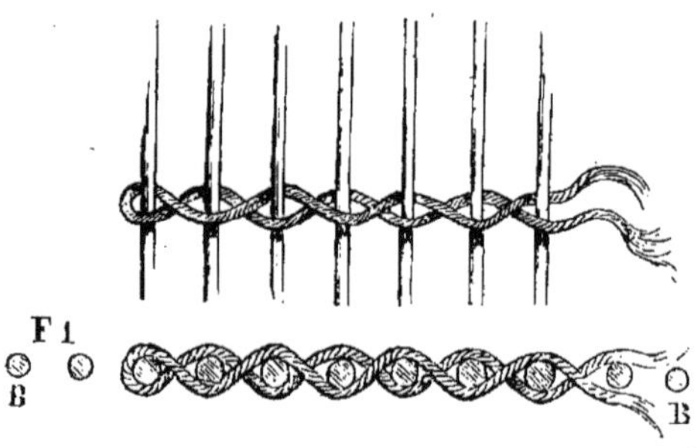

sur un siége, entre le métier et le tableau qui lui sert de modèle , la face tournée du côté du jour et le métier interposé entre lui et les fenêtres de l'appartement. Il ne voit son travail qu'à l'envers ; il doit quitter sa place et passer au-devant du métier pour juger de l'effet général ou partiel, et corriger, s'il y a lieu, soit en serrant plus ou moins telle ou telle partie du tissu avec l'aiguille à presser, soit même en coupant le travail fait, si le défaut constaté dans les contours ou dans le coloris ne peut être autrement réparé.

Pour reproduire son modèle en tapisserie, il doit d'abord en tracer le dessin sur la chaîne le plus nettement

qu'un ouvrier occupe de place sur le travail de la tapisserie en cours d'exécution, et tous ces supports isolés sont eux-mêmes supportés, comme l'indique la figure (p. 169), par une forte perche de toute la longueur du métier, placée un peu au-dessus des lisses.

possible. C'est une partie essentielle du travail, de laquelle dépend, jusqu'à un certain point, la fidélité de traduction ; cette opération se fait par parties , en calquant des détails plus ou moins étendus du tableau et les décalquant sur la chaîne. Avec un crayon blanc, l'artiste marque, sur le tableau, les principaux contours, et indique seulement par des points les détails qu'il croit nécessaires. Cette première opération terminée, une feuille de papier transparent est placée sur le tableau, et sur cette feuille l'artiste reproduit , avec un crayon noir, les traits et les points qui paraissent en blanc

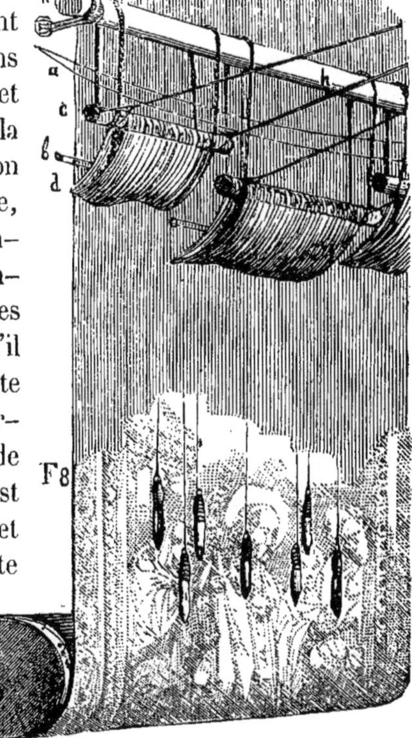

Métier à tapisserie vu du côté où travaille l'artiste tapissier.

au travers du papier. Ce calque est alors appliqué sur le devant de la chaîne ; il est assujetti au moyen de baguettes plates, en le faisant exactement coïncider avec ce qui existe déjà des contours et des linéaments du tableau. Cela fait, l'artiste placé derrière , à la hauteur du calque, marque sur la chaîne, fil par fil, avec une pierre noire, des points concordants avec le dessin tracé sur le calque. Les contours ne sont ainsi formés que par une réunion de points noirs appartenant à autant de fils séparés. On comprend dès lors combien il faut d'attention, tous ces fils étant mobiles et flexibles, pour ne pas déranger le dessin tracé sur la chaîne. Ce tracé exécuté par parties occasionnerait d'inévitables erreurs sur l'ensemble du modèle, s'il n'y était pourvu en prenant des points

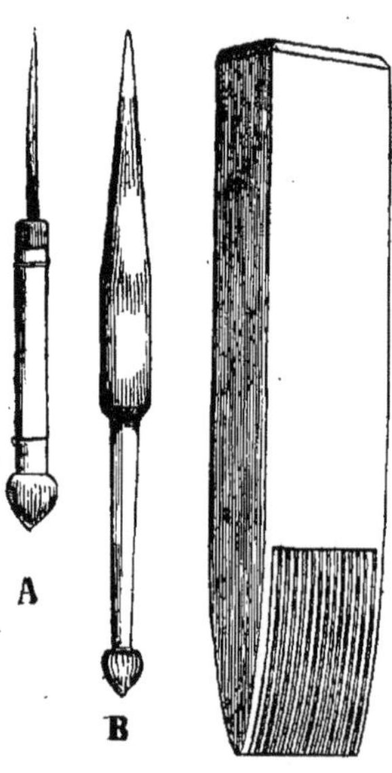

généraux de repère sur le tableau et en les marquant sur la chaîne. Ce procédé très-simple et très-exact a remplacé celui dont on se servait, il y a peu de temps encore, et qui consistait à relever, une fois pour toutes, à la craie blanche, les grands contours du modèle, sur un voile de gaze noire tendu sur un chassis, et à appliquer, de temps à autre, ce voile sur la chaîne de la tapisserie en cours d'exécution, en faisant coïncider le dessin tracé sur le voile avec celui qui était tracé sur la chaîne. C'était ainsi qu'on vérifiait l'exactitude d'ajustement des détails.

Pour former le tissu, l'ouvrier prend une broche B chargée de laine ou de soie teinte de la couleur convenable ; il arrête l'extrémité de la laine sur le fil de chaîne, à gauche de l'espace où doit être placée la nuance ; puis passant la main gauche entre les deux rangées de fils séparées par le bâton, dit *de croisure,* il écarte les fils que doit recouvrir cette même nuance ; la main droite, passant entre les fils, va chercher à gauche la broche qu'elle ramène à droite; la main gauche, saisissant alors les ficelles appelées *lisses*, fait revenir en avant les fils qui se trouvaient en arrière, et l'artiste lance la broche au point d'où elle était partie. Cette allée et venue de la broche à droite et de droite à gauche forme ce que l'on appelle deux passées ou *une duite*.

L'ouvrier répète ces passages de fils successivement, les uns au-dessus des autres, suivant l'étendue et les contours de l'espace que doit occuper la nuance dont la broche est chargée. Il prend une nouvelle broche pour une nouvelle nuance; il coupe, arrête et fait perdre à l'envers, c'est-à-dire du côté où il travaille, le fil de la broche précédente, s'il ne doit pas recommencer à s'en servir près du même endroit. A mesure qu'il place un fil avec la broche, il approche et serre ce fil avec le bout aigu de la broche; puis, lorsque plusieurs fils sont passés, il prend un lourd peigne d'ivoire C, et en frappe le tissu de manière à le tasser parfaitement, à ne laisser aucun vide entre les fils et à couvrir parfaitement la chaîne.

Ce sont les nuances qui déterminent le nombre des fils de chaîne à comprendre sous une passée ou duite; dans une partie unie et horizontale, on allonge la passée autant qu'il est possible, pour accélérer l'ouvrage; mais c'est toujours le tableau, le plus ou le moins d'étendue des lumières, des demi-teintes, etc., qui indiquent l'étendue des duites, ainsi que leur nombre les unes au-dessus des autres. On passe des clairs aux bruns, et d'un ton à un autre par des couleurs participant graduellement les unes des autres qu'on dispose en hachures.

Les hachures sont employées pour graduer les teintes, et pour éviter l'effet de mosaïque qui résulterait de la simple juxta-position des couleurs.

Si l'on suppose que, dans un espace donné, de 15 fils, par exemple, une couleur A fasse une duite d'un bout à

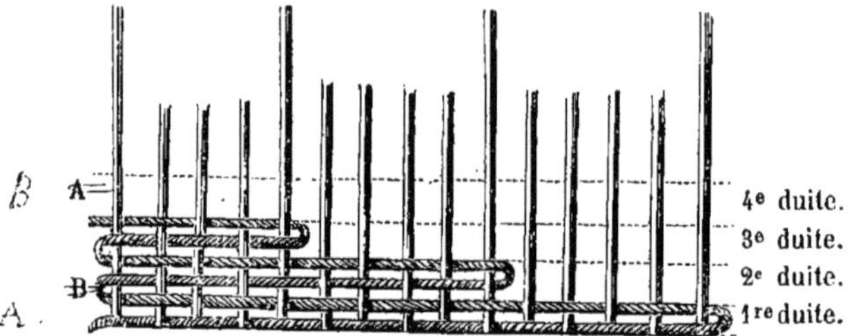

l'autre, puis sur dix fils, une seconde duite, et enfin, sur cinq fils, une troisième duite, il y aura gradation dans la couleur employée, et celle-ci sera d'autant plus intense que les duites seront en plus grand nombre. Si maintenant on conçoit une deuxième couleur partant du point B, traversant également les 15 fils et remplissant les vides, c'est-à-dire faisant trois duites où la première couleur en fait une, deux où l'autre en fait deux, et une où elle en fait trois, on aura un même nombre de duites, quatre sur les quinze fils, et ces deux couleurs ainsi employées produiront des teintes intermédiaires d'autant plus semblables à l'une des deux que celle-ci aura plus de duites dans la composition de la hachure.

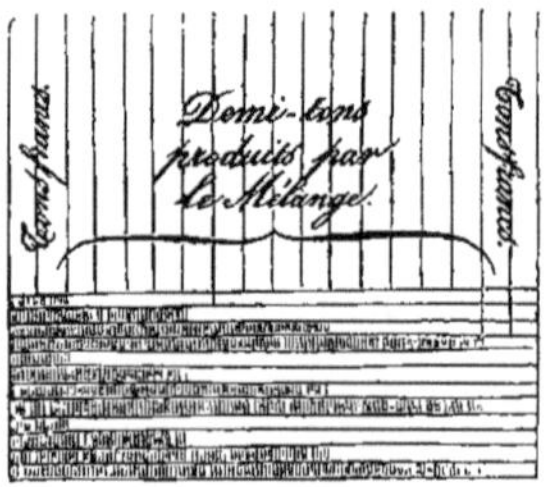

La figure ci-contre représente l'effet de la superposition des hachures, et comment, avec deux couleurs, on produit deux et trois *tons intermédiaires* (1). Cette disposition constitue, dans sa simplicité, l'ancien système de ha-

(1) La vignette placée en regard de cette partie du texte porte

chures, dit *à un ton*, ou *à une nuance* (1), système dont
on ne se sert aujourd'hui que dans de rares exceptions,
et auquel on a dû renoncer, parce qu'il fallait multiplier
les couleurs pour arriver à la reproduction exacte de tous
les tons d'un tableau. Nous avons exposé (page 152)
les circonstances dans lesquelles parut un nouveau système de hachures dit *à deux tons* ou *à deux nuances,
se traversant continuellement*, et donnant par leur emploi
simultané une légèreté de ton, une transparence, une
solidité auxquelles, dans l'ancien système, il n'était pas
possible de parvenir ; la difficulté d'être bref, et surtout
celle d'être clair, sans parler aux yeux par l'emploi des
couleurs, ne nous permet pas d'aborder la description
du nouveau système. Les hachures constituent d'ailleurs
l'une des grandes difficultés du travail de la tapisserie : un
œil peu exercé ne saurait découvrir où commence et où finit
une couleur ; il faut voir ce travail sur place, se le faire
expliquer, et mieux encore, mettre la main à l'œuvre, pour
en avoir la parfaite intelligence.

Si la partie matérielle de cette fabrication est compli-
quée, la partie artistique l'est encore plus : le tapissier
ne dispose pas d'une couleur fluide, mais d'une matière
sèche qui ne comporte ni empâtement, ni repentirs, ni
glacis, ni aucune des ressources multipliées de l'art dont il
traduit les chefs-d'œuvre ; il ne peut, comme le peintre,
préparer ses masses, se rendre immédiatement compte
de l'effet général, revenir sur son travail, et sans cesse

l'expression moins exacte de *demi-tons*, parce que celle-ci est à peu
près la seule en usage.

(1) On ne se sert, en général, que de l'expression : *hachures à un
ton* ou *à deux tons*. Pour plus d'exactitude, il faudrait dire *à une*
ou *à deux nuances*. Mais nous ne pouvons ni ne voulons changer le
vocabulaire de l'art.

modifier ; il procède par imperceptibles parties , n'obtient la transparence et l'harmonie des teintes que par la com= binaison très—complexe des hachures , ne saisit l'effet d'ensemble que d'une manière intellectuelle , et doit , du premier coup, être juste de ton et de dessin , en travaillant à l'envers ; ces difficultés sont immenses : aussi faut—il quinze à vingt ans pour former un bon tapissier, et a-t-il fallu plusieurs générations de ces modestes et laborieux artistes se succédant de père en fils , pour pousser l'art du tapissier au point où il est aujourd'hui.

Réduits successivement au nombre de quarante-sept (1), au—dessous duquel il serait difficile d'entretenir l'émula= tion et d'obtenir des produits en rapport avec les frais généraux d'administration, les artistes—tapissiers reçoivent un traitement annuel dont le taux le plus élevé ne dépasse pas dix—huit cent cinquante francs, et sont astreints à fournir un minimum de travail calculé sur ses difficultés plus ou moins grandes ; en moyenne , on peut évaluer la surface de tapisserie produite, en un jour, à trente—quatre centimètres carrés (2) par personne. L'émulation est entretenue par des récompenses accordées à la perfection beaucoup plus qu'à la quantité.

Le tissu des tapis fabriqués à la Savonnerie diffère essentiellement de celui de la tapisserie ; il présente une surface veloutée résultant d'un ensemble de points ou autrement de fils de laine dont on ne voit que les extrémités et arrêtés, chacun par un double nœud, sur deux fils de la chaîne. Chaque dixième portée des fils de la chaîne est d'une couleur différente des neuf autres ; ces dixièmes fils répondent à des lignes de points tracés sur

(1) Y compris cinq élèves.
(2) Ou trente carrés d'un centimètre de côté.

le modèle (1), et forment des carrés correspondants ; c'est là tout ce qui tient lieu de dessin ; les artistes-ouvriers n'en ont pas d'autre, sur la chaîne, pour les guider dans leur travail (2). Ces carrés ont vingt-cinq millimètres de côté ; ils comprennent en largeur dix points, en hauteur sept points, en tout soixante-dix ; les artistes travaillent à l'endroit, tournant le dos au côté par lequel la lumière arrive ; ils sont en face tant du métier que du modèle placé un peu au-dessus de leur tête, et fixé par bandes horizontales à la perche des lisses. (Voyez la figure, pag. 176.)

(1) On se servait autrefois, pour peindre, ou pour dessiner ces modèles, de papier carrelé sur lequel était tracée la double division, en grands et petits carrés correspondants reciproquement à chaque dixaine et à chaque fil ; ces papiers carrelés étaient assemblés, collés sur toile et plus ordinairement sur carton, usage totalement abandonné depuis le commencement du siècle. Aujourd'hui la division en carrés, marquée sur les modèles qui tous s'exécutent en peinture sur toile, ne comprend que les dixaines ; elle s'effectue au moyen d'une plaque de cuivre d'un mètre de long sur cinquante centimètres de large divisée en carrés, et percée d'un petit trou à chaque intersection des lignes. On étend le modèle sur un parquet très-uni, on le divise en zones régulières et parallèles de cinquante centimètres de large chacune, par une suite de traits marqués au cordeau et à la craie, selon la méthode des charpentiers, puis appliquant la plaque de cuivre, à partir de l'un des angles du modèle, on pique celui-ci avec une forte aiguille à chaque intersection de ligne déterminée par les petits trous dont nous venons de parler. Cette opération ayant été successivement effectuée sur toute l'étendue du modèle, il ne reste plus qu'à marquer chaque petite dépression existant à sa surface, d'un point blanc ou noir.

(2) Depuis environ dix-huit mois, on dessine directement sur la chaîne les petits sujets chargés de détails, innovation d'où résulte un travail plus facile et plus précis ; c'est ainsi que s'exécute, en ce moment, un canapé de très-riche composition, d'après les modèles de M. Chabal, peintre de fleurs des manufactures des Gobelins et de Beauvais.

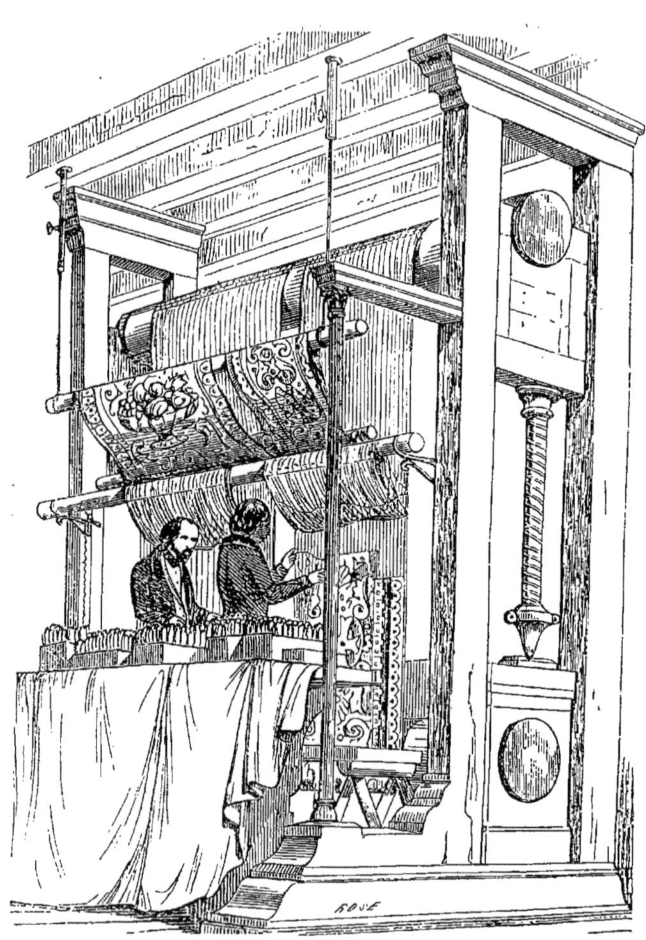

Métier de haute lisse pour tapis.

Les instruments dont ils se servent sont :

La broche G sur laquelle s'enroule la laine colorée ;

Le tranche-fil D formé d'une tige de fer ronde et armée à l'une de ses extrémités d'une lame tranchante ;

Le peigne E : il est en fer et sert pour tasser le tissu ;

Les ciseaux F pour ébarber et tondre le velours;

L'aiguille à presser F ;

L'aiguille H servant à refaire les points isolés qui, pour une raison quelconque, doi

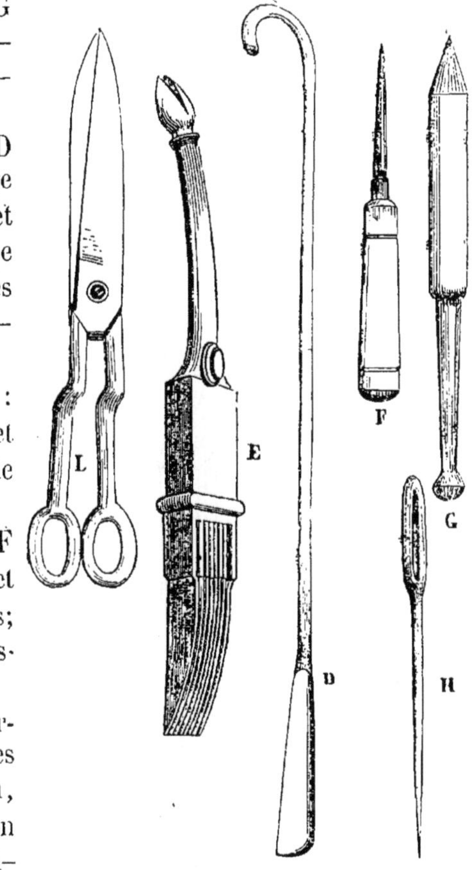

vent être recommencés dans une partie achevée du tapis.

Pour opérer le tissu, ou autrement pour faire le point, l'ouvrier, ayant choisi la brochée G chargée de la laine dont la nuance répond à celle du modèle, saisit, avec les doigts de la main gauche, le fil de chaîne sur lequel il doit commencer; il l'attire un peu vers lui et fait passer der rière la broche et le fil de laine qu'il tient de la main droite ; il attire ensuite de son côté, à l'aide de la lisse, le

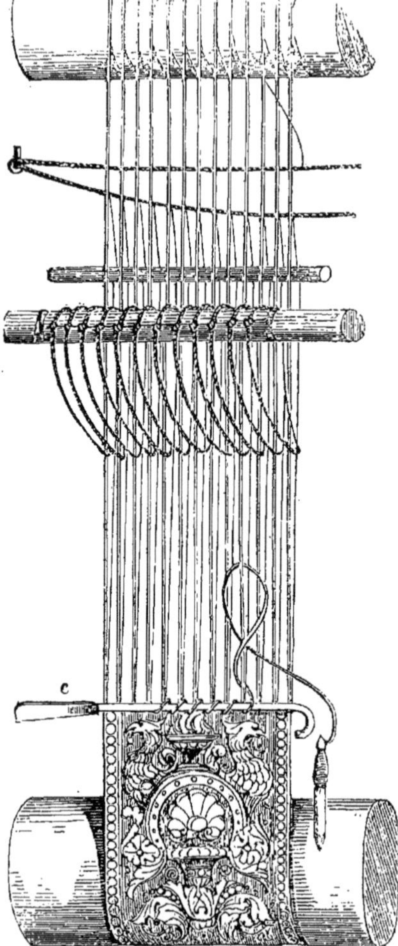

fil de chaîne suivant placé un peu derrière le premier, et enveloppe ce fil d'un nœud coulant qu'il serre. Entre ces deux passées (c'est le mot consacré), la laine forme au-devant de la chaîne un anneau dont l'amplitude répond à la hauteur du velours ; un tranche-fil E, passé dans cet anneau, occupe sur le tissu une position horizontale, et se charge successivement d'une suite d'anneaux de laine produits par la répétition du point, de fil en fil, et en procédant de gauche à droite. L'enlacement du fil de laine est représenté par la figure ci-contre et plus clairement par les figures 3 et 4 (p. 179) ; ces deux dernières, ainsi que la figure 2, donnent à une échelle exagérée la coupe horizontale de la chaîne, qui est représentée, dans chacune d'elles, par une double rangée de cercles B B B. Tous ces fils sont enveloppés par la laine D D D D, qui passe, de

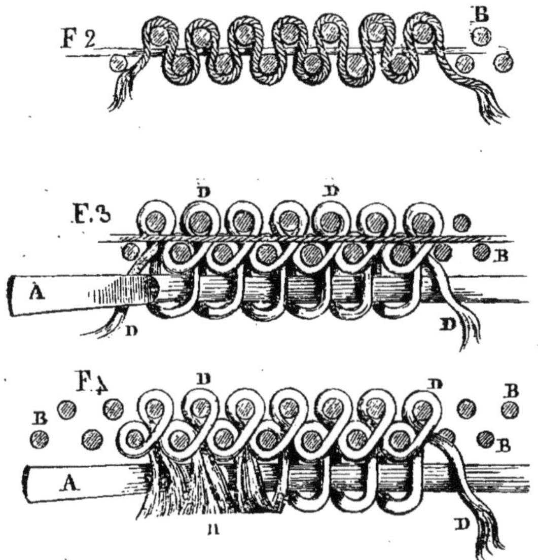

plus, autour du tranche-fil désigné par la lettre A; en tirant cet instrument de gauche à droite, tous les anneaux de laine se trouvent coupés, et le velours est formé.

Lorsqu'une rangée de points est ainsi faite sur une certaine longueur, ou même d'un bout à l'autre du tapis, l'ouvrier les joint ensemble par un fil de chanvre très-fort appelé *duite*, jeté entre les deux nappes de la chaine et superposé aux points, ainsi que l'indique la figure 3 ci-dessus. Cette duite ne suffisant pas pour former un tissu solide, il faut encore lier entre eux les fils de la chaîne par un autre fil de chanvre formant *trame*, indiqué par la figure 2; pour le placer dans le tissu, l'ouvrier ramène par-devant, au moyen des lisses, les fils de derrière; il passe la trame entre les deux rangées de fils, puis laisse

ceux de derrière retourner à leur position, en ayant soin
de tenir cette trame assez lâche pour qu'elle suive toutes
les inflexions des fils de la chaine. De cette manière, les
points sont comme enchâssés. Cela fait, l'ouvrier tasse
avec le peigne les points et les fils de chanvre : ces
derniers entrent dans l'intérieur du tissu et y demeurent
absolument invisibles.

La coupure des anneaux de laine opérée par le tranche-fil laisse des bouts de laine d'une longueur inégale qui
doivent être ébarbés avec des ciseaux à branches recour-
bées L (p. 177). Cette opération est difficile : la beauté du
tapis dépend en grande partie de la précision avec
laquelle la *tonte* est exécutée.

La laine employée dans le velours se compose habituellement de six brins de nuances différentes, mais de valeur
à peu près égale, s'harmonisant entre elles ; dans certains
cas, ces brins sont portés jusqu'au nombre de neuf. La
combinaison de ces nuances exige, de la part de l'ouvrier,
une aptitude particulière pour le coloris ; il dessine avec
ces brins de laine, comme le peintre avec son pinceau et
sa palette, mais en procédant par points dont la plus
grande superficie n'excède pas neuf millimètres carrés ; il
arrive, selon la nature du modèle, à de très-remarquables
résultats ; on ne peut mieux les comparer qu'à ceux de la
mosaïque : ce qui est possible à l'artiste mosaïste, sous le
rapport du dessin, du modelé, du coloris, l'est également
à l'artiste tapissier, avec cette différence toute à l'avantage de l'œuvre de celui-ci, que les brins de laine vus par
bout dont se compose la surface du velours, ne sont pas
isolément aussi perceptibles à l'œil que chacun des cubes
de marbre ou d'émail dont la mosaïque est formée.

Les ouvriers de la manufacture de la Savonnerie sont
au nombre de quarante, dont trois élèves ; ils sont soumis

au même régime que les autres tapissiers, c'est-à-dire
qu'ils reçoivent un traitement annuel et qu'ils doivent
produire un minimum de travail ; ils n'ont cessé d'être
payés à la tâche qu'à l'époque de leur translation aux
Gobelins. La moyenne de la production est à peu près
celle qui existe dans l'atelier de tapisserie.

Le service des magasins occupe, pour les deux fabrications, huit personnes ordinairement choisies parmi les
anciens artistes ouvriers.

La manufacture renferme, en outre, un atelier de teinture, un laboratoire de chimie, des écoles de dessin, de
tapis et de tapisseries, un atelier de rentraiture, une galerie d'exposition. L'atelier de teinture occupe un chef
teinturier (1) ; il a deux compagnons, un aide compagnon
et un manœuvre. Les travaux de cet atelier ont un caractère spécial qui exige un nouvel apprentissage de la part
des teinturiers déjà formés au dehors, et appelés à y
prendre part. Un seul exemple pourra donner une idée de
la multiplicité des opérations : il a fallu, pour les vingt-
deux figures de l'assemblée des dieux (2), d'après
Raphaël, préparer vingt-huit gammes de vingt-quatre
tons chacune ; les carnations seules ont employé vingt-
deux gammes ou cinq cent vingt-huit tons, sans compter
ceux qui ont été pris parmi les anciennes couleurs sur
laine, en magasin.

Chaque nouveau modèle mis sur le métier exige un

(1) Le titulaire actuel, M. Lebois, originaire de Lyon, remplit ces
fonctions depuis quatre ans, et a exécuté avec beaucoup de zèle et
de succès la teinture des cercles chromatiques inventés par M. Chevreul.

(2) Partie de l'histoire de Psyché et de la décoration du palais
Farnèse. La tapisserie dont il s'agit, commencée le 1er octobre 1848,
a été achevée le 28 février 1852, d'après une copie par Papety.

travail analogue et la préparation simultanée, à la teinturerie, de toute la laine teinte qui doit être employée pour la reproduction en tapisserie (1).

Cet atelier exécute, en outre, la teinture des laines et des soies employées à la manufacture de tapisseries de Beauvais.

L'école pratique de teinture instituée aux Gobelins en 1804, n'existe plus dans sa forme primitive, depuis 1816, mais plusieurs élèves sont encore admis, par

(1) Une opinion très-accréditée attribue aux eaux de la Bièvre une qualité spéciale pour la teinture; c'est une erreur que dissipe la seule inspection du cours de ces eaux salies par les résidus d'une multitude d'établissements industriels, buanderies, lavoirs à laines, tanneries, etc., situés en amont des Gobelins. L'eau de la Seine et celle d'un puits situé dans la partie haute de la cour de la manufacture sont exclusivement employées dans les ateliers de teinture.

Une autre erreur qui se réfute d'elle-même est relative au procédé employé pour la teinture écarlate; jamais, dans l'établissement, on n'a nourri d'hommes d'une façon particulière afin d'obtenir des eaux propres à cette teinture. L'administration des Gobelins a quelquefois reçu à ce sujet de singulières communications. La lettre suivante existe encore dans les archives de l'ancienne intendance : *Je suis las de la vie et je suis disposé, pour en finir avec elle, à me soumettre au régime imposé aux teinturiers des Gobelins.* Pour vous donner une idée des services que je suis en état de rendre à l'établissement, je dois vous dire que je puis boire par jour vingt bouteilles de vin sans perdre la raison. Si vous voulez me prendre à l'essai, vous jugerez tout à votre aise de ma capacité. »

Nous avons sous les yeux une lettre écrite à M. le baron des Rotours, de la prison de Melun, le 17 novembre 1823, par un sieur Peyrot, qui se trouvait dans une tout autre disposition d'esprit :

« Monsieur le directeur,

« J'ai entendu dire, plusieurs fois, que l'on admettait dans la maison dont vous avez la direction, des personnes condamnées à des peines graves, afin qu'étant nourries avec des aliments irritants, elles procurent plus sûrement l'urine pour les écarlates que l'on y fabrique.

« *Me trouvant malheureusement condamné à la peine capitale, je*

autorisation ministérielle, à suivre les opérations de l'atelier de teinture (1).

Chaque année, du 15 octobre au 15 janvier, il est fait,
aux Gobelins, par le directeur des teintures, un cours
public de chimie appliquée à la teinture, et tous les deux
ans, à l'issue de ce premier cours, un cours du contraste
des couleurs.

Les trois écoles de dessin, de tapisserie et de tapis, sont
sous la direction d'un professeur de dessin (2) auquel un
ancien artiste-tapissier (3) est adjoint pour suivre le travail
des élèves de tapis. Des élèves libres du dehors sont admis,
en assez grand nombre, à suivre les cours de l'école de
dessin qui embrassent le dessin élémentaire, l'étude de
l'antique et du modèle vivant. Ce dernier cours, supprimé
en 1792, rétabli en 1828, supprimé en 1848, rétabli de
nouveau en 1850, a lieu chaque année pendant quatre
mois, du 1er novembre au 1er mars inclusivement. Quelques élèves de la manufacture des Gobelins apprennent
de plus à dessiner au pastel, à peindre, et suivent les
cours de l'école impériale des beaux-arts.

L'atelier de rentraiture occupe cinq personnes : un pre-

désirerais terminer ma carrière dans votre maison ; veuillez donc,
Monsieur, avoir la bonté de m'instruire s'il est vrai que l'on y
admette ces sortes de condamnés, et quelle serait la marche à suivre
pour y entrer.

« J'ai l'honneur, etc.   PEYROT.

    « A la maison de justice. »

(1) Un sous-directeur est attaché à cet atelier et au laboratoire;
ces fonctions sont remplies par M. Decaux, nommé le 18 octobre 1843.

(2) Le titulaire actuel est M. Abel Lucas, peintre et tapissier,
élève de l'école des Beaux-Arts et de la manufacture des Gobelins.

(3) M. Chaussey, ancien artiste-tapissier de la Savonnerie, attaché
aussi à l'école de dessin en qualité de surveillant.

mier rentrayeur, deux anciens tapissiers rentrayeurs et deux ouvrières.

Le travail de cet atelier consiste à réunir ou *rentraire* les parties de tapis ou de tapisserie faites séparément, sur le métier, à refaire les parties déchirées, trouées ou attaquées par les vers. Le rentrayeur fait à l'aiguille ce que le tapissier fait avec la broche ; il rétablit, en premier lieu, les portions de chaine endommagées ou détruites, puis refait la trame avec des laines de couleurs assorties à la tapisserie en réparation.

La galerie d'exposition renferme une suite de tapisseries choisies dans les diverses périodes de la fabrication, et propres à faire juger des modifications et des progrès de l'art depuis la fondation de la manufacture des Gobelins jusqu'à ce jour. (*Voir ci—après le plan, page* 189, *et le catalogue des tapisseries exposées, page* 191.)

LISTE

DES DIRECTEURS DE LA MANUFACTURE DES GOBELINS,
PAR ORDRE CHRONOLOGIQUE (DE 1663 A 1853).

Ch. le Brun, premier peintre du roi.	1667—1690.[1]
P. Mignard, premier peintre du roi..	1690—1695.
Robert de Cotte, architecte........	1699—1735.
De Cotte, fils du précédent, architecte.	1735—1747.
D'Isle, architecte.............. .	1747—1755.
Soufflot, architecte..............	1755—1780.
Pierre, premier peintre du roi......	1781—1789.
Guillaumot, architecte...........	1789—1792.
Audran, ancien chef d'atelier.......	1792—1793.
Augustin Belle, peintre...........	1793—1795.
Audran (réintégré)..............	1795—.....
Guillaumot, architecte (réintégré)...	1795—1810.
Chanal, chef de division au ministère de l'intérieur, directeur par intérim...	1810—.....
Lemonnier, peintre..............	1811—1816.
Des Rotours (le baron), ancien officier supérieur d'artillerie.............	1816—1833.
Lavocat........	1833—1848.
Badin, peintre.................	1848—1850.
Lacordaire, architecte et ingénieur...	1850

[1] Ces deux dates sont celles de l'entrée en fonctions et de la retraite ou du décès de chaque directeur.

LISTE

DES CHEFS D'ATELIER ENTREPRENEURS DE LA MANUFACTURE DES GOBELINS, DE 1662 A 1792, ÉPOQUE DE LEUR SUPPRESSION.

JANS, père. (Haute lisse.)........... 1662—1691.
LAURENT. (Haute lisse.)............ 1663—1670.
LEFEBVRE, père. (Haute lisse.)....... 1663—1700.
JEAN DE LA CROIX. (Basse lisse.)..... 1663—1714.
MOSIN. (Basse lisse.).............. 1663—1693.
JANS, fils. (Haute lisse.)............ 1691—1731.
DE LA CROIX, fils. (Basse lisse.)..... 1693—1737.
SOUETTE. (Basse lisse.)............ 1693—1724.
DE LA FRAYE. (Basse lisse.)........ 1693—1729.
LEFEBVRE, fils. (Haute lisse.)...... 1697—1736.
LE BLOND. (Basse lisse.)........... 1701—1751.
DE LA TOUR. (Haute lisse.)........ 1703—1734.
MONMERQUÉ. (En basse lisse, de 1730
   à 1736; en haute lisse, de 1736
   à 1749.)...................... 1730—1749.
AUDRAN. (Haute lisse.)........... 1733—1772.
COZETTE. (En basse lisse, de 1736
   à 1749; en haute lisse, de 1749
   à 1788.)...................... 1736—1788.
NEILSON. (Basse lisse.) .... 1749—1788.
NEILSON, fils. (Basse lisse.)........ ....—1779[1].
AUDRAN, fils. (Haute lisse.)........ 1772—1792[2].
COZETTE, fils. (Haute lisse.)........ 1788—1792[3].

---

[1] Associé à son père en 1775.

[2] Nommé directeur le 4 septembre 1792.

[3] Conservé, comme simple chef d'atelier, en 1792.

EXPLICATION DU PLAN.

A Corps de garde.
B Logement du concierge.
C Logement du brigadier, chef des gagistes.
D Galerie d'exposition.
E Atelier des tapisséries.
F Magasins particuliers de l'atelier de tapisserie.
G Atelier de tapis.
H Magasin des laines pour tapis.
I Chapelle.
K Atelier de teinture et laboratoire de chimie.
L Magasins des tapisseries fabriquées.
M Ecoles de tapisseries et de tapis.
N Rentraiture.
O Ecole de dessin.
P Logement du garde du matériel.
Q Grands jardins, divisés en 103 parcelles.

L'administration et les bureaux sont, au 1ᵉʳ étage, en **F** et **H**.

Les bâtiments indiqués par masses sont affectés au logement d'une partie du personnel de la manufacture ; ils renferment 81 familles (222 personnes).

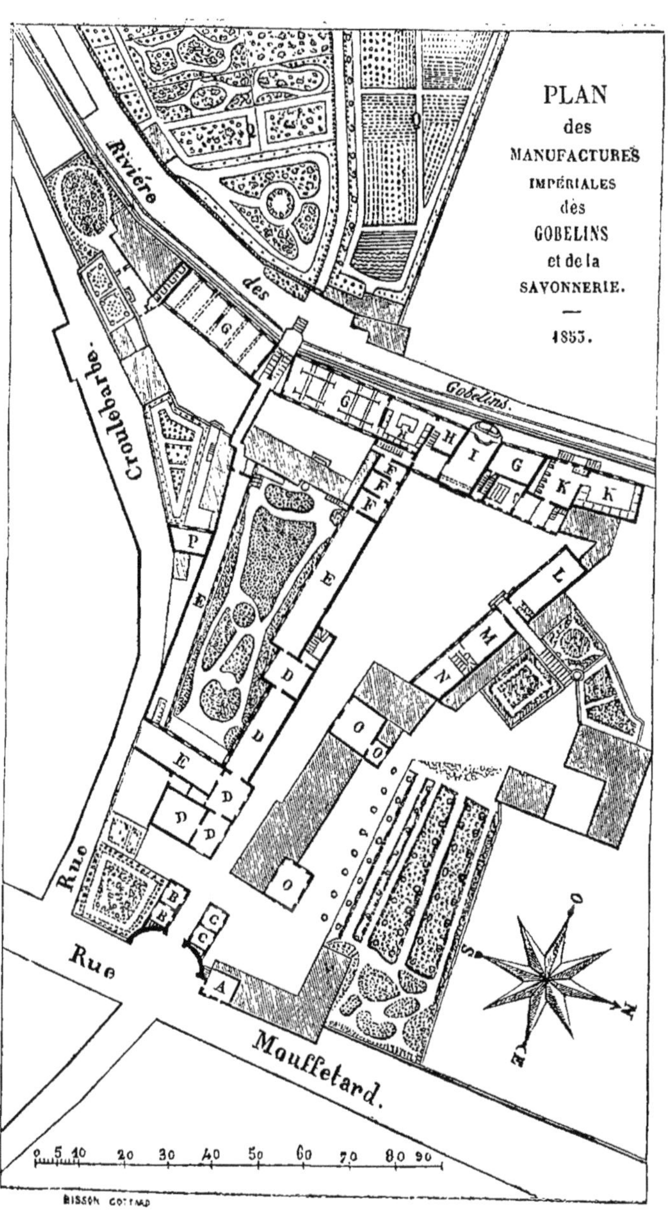

PLAN
des
MANUFACTURES
IMPÉRIALES
des
GOBELINS
et de la
SAVONNERIE.
—
1853.
Rivière
des
Gobelins.
Croulebarbe.
Rue
Rue
Mouffetard.
0 5 10 20 30 40 50 60 70 80 90
BISSON COTTARD

CATALOGUE

DES TAPISSERIES ET DES TAPIS

EXPOSÉS A LA MANUFACTURE DES GOBELINS (1).

---

1. LE PARNASSE, d'après Raphaël, fragment (côté gauche) exécuté par Jans en haute lisse. (Fin du XVIIe siècle.)

2. LE PARNASSE (idem), fragment (coté droit) exécuté par Jans.

Le Parnasse, d'après Raphaël, a été arrangé pour tapisserie, en 1685, sous la direction de Charles le Brun; le coloris diffère essentiellement de celui de la fresque du Vatican, qui a servi de modèle; les vêtements de la plupart des personnages ont été enrichis d'ornements composés et peints par Baptiste Monnoyer.

3. L'ÉCOLE D'ATHÈNES, fragment pour entre-fenêtres, exécuté par Jans, en haute lisse. (Fin du XVIIe siècle.)

4. INCENDIE, fragment des batailles de Scipion, d'après Jules Romain, exécuté en basse lisse sous Louis XIV par l'entrepreneur le Blond. (Commencement du XVIIIe siècle.)

5. BATAILLE DE CONSTANTIN CONTRE MAXENCE, d'après Raphaël et Jules Romain, fragment (côté gauche) exécuté sous Charles le Brun, par Lefebvre père, avec rehauts d'or.

---

(1) Le défaut d'étendue des salles d'exposition ne permet qu'une exposition successive des tapisseries désignées dans le catalogue.

Coloris d'un ton uniforme de *sépia*, sans dégradation, d'un plan à l'autre, et sans rapport avec la peinture originale qui a servi de modèle. Exécution très-remarquable dans le système ancien, dit *industriel*.

6. L'Hiver : partie de la tenture des quatre saisons ; Saturne et Hébé, portés sur des nuages, tiennent un tableau ovale représentant un ballet; tapisserie exécutée sur les modèles et sous la direction de Charles le Brun.

7. Triomphe de Bacchus, d'après Raphaël et Noël Coypel ; tapisserie exécutée au commencement du xviiie siècle en haute lisse par Lefebvre fils.

8. Arabesques, d'après Raphaël et Noël Coypel, représentant l'architecture exécutée en haute lisse, au commencement du xviiie siècle, par Lefebvre fils.

9. Arabesques, d'après Hallé (Claude-Guy) et Boullogne l'aîné, pour les figures, et le Moine (Jean) dit le Lorrain, pour les ornements.

Ces fragments décorent les portes des salles d'exposition, et ont été exécutés dans les dernières années du xviie siècle.

10. Arabesques, d'après les mêmes, représentant des sujets relatifs à l'art de la musique.

11. Arabesques, d'après les mêmes, représentant les dévidoirs et les travaux de la teinturerie des Gobelins.

12. Termes doubles pour entre-fenêtres, d'après le Brun, exécutés en basse lisse par l'entrepreneur le Blond, dans les premières années du xviiie siècle.

13. Termes simples, représentant des enfants; même époque.

14. Bataille d'Alexandre, Porus vaincu, d'après le Brun; fragment pour entre-fenêtres, rehaussé d'or; encadré d'une riche bordure, exécuté sur la fin du xviie siècle.

15. L'Été, partie de la tenture dite des enfants jardiniers; tapisserie exécutée en basse lisse de 1720 à 1730, par l'entrepreneur le Blond, d'après un modèle composé sur les dessins de Ch. le Brun, et peint par Yvart fils, pour les figures, Chastelain pour le paysage, de Fontenay fils pour les fleurs, Desportes pour les animaux.

16. L'Automne, tapisserie de la même suite, exécutée par le même, d'après le même peintre, sauf les figures, qui ont été peintes par Mathieu.

17. Fond de dais avec armoiries, exécuté en haute lisse de 1730 à 1734 par Lefebvre fils, pour le cardinal Camerlingue, ministre de Benoît XIII.

18. Portière à fond d'or, représentant l'hiver sous la figure de Saturne, exécutée en basse lisse de 1700 à 1720, d'après Claude Audran.

19. Portière à fond de soie, représentant Junon, exécutée en basse lisse, vers 1730, d'après Claude Audran.

20. Portière à fond jaune, d'après Boucher.

L'amour allumant son flambeau au feu du soleil est le sujet principal de la décoration de cette portière exécutée en basse lisse, vers 1750, par l'entrepreneur Neilson.

21. Portière représentant Neptune, exécutée en basse lisse d'après Claude Audran, par Neilson, en 1758.

22. Cheval dévoré par des loups, d'après Sneyders; tapisserie exécutée en 1772 (basse lisse).

23. Vénus aux forges de Vulcain; tapisserie exécutée en 1774, d'après Boucher, par l'entrepreneur Cozette, en haute lisse.

24. Silène et Eglé; tapisserie exécutée en haute lisse; vers 1775, par l'entrepreneur Cozette, d'après Noël Hallé.

25. Don Quichotte servi par les Dames; tapisserie exé-

cutée en basse lisse, d'après Charles Coypel, par Neilson, en 1779.

26. PROSERPINE ORNANT DE FLEURS LA STATUE DE CÉRÈS, SA MÈRE, EST APERÇUE PAR PLUTON ; tapisserie exécutée en haute lisse, d'après Vien, vers 1785.

27. COMBAT DE MARS ET DE DIOMÈDE, d'après le Doyen ; tapisserie exécutée en haute lisse, à la fin du xviiie siècle.

28. LES TAUREAUX, partie de la tenture dite *des Indes*, d'après Desportes, exécutée en basse lisse, vers 1778.

29. SUJET ALLÉGORIQUE représentant la paix, le commerce et l'abondance, exécuté en haute lisse, vers 1780, d'après Belle père (Clément–Louis).

30. SOMMEIL DE RENAUD, d'après le même ; tapisserie exécutée vers 1780, en haute lisse.

31. CLYTIE CHANGÉE EN FLEUR, d'après le même ; tapisserie exécutée vers 1780, en haute lisse.

32. ADIEUX D'HECTOR ET D'ANDROMAQUE, d'après Vien ; tapisserie exécutée en haute lisse, vers 1780.

33. TRIOMPHE D'AMPHITRITE, d'après Hugues Taraval ; tapisserie exécutée en haute lisse par Cozette fils, en 1792.

34. SYLVIE SAUVÉE PAR AMYNTHE DE LA FUREUR D'UN MONSTRE, d'après Boucher ; tapisserie exécutée en haute lisse, en 1796.

35. NAPOLÉON VISITANT LES PESTIFÉRÉS DE JAFFA, d'après Gros ; tapisserie de haute lisse terminée en 1815.

36. BONAPARTE DONNANT SES ORDRES LE MATIN DE LA BATAILLE D'AUSTERLITZ, d'après Vernet (Horace) (fragment, côté gauche, moitié du tableau).

L'exécution de cette tapisserie et des douze suivantes a été interrompue par les événements de 1814 et 1815 ; toutes sont de haute lisse.

37. NAPOLÉON DONNANT LA CROIX A UN SOLDAT RUSSE (frag-

ment, d'après Debret, élève de David, côté gauche, moitié du tableau).

38. LES SOLDATS DU 76ᵉ RÉGIMENT DE LIGNE RETROUVANT LEURS DRAPEAUX DANS L'ARSENAL D'INSPRUCK, d'après Meynier (fragment, le tiers du tableau).

39. NAPOLÉON PASSANT LA REVUE DES DÉPUTÉS DE L'ARMÉE, d'après Serangeli (fragment, les deux tiers du tableau).

40. CLÉMENCE DE NAPOLÉON ENVERS LA PRINCESSE HATZFELD, d'après Charles de Boisfremont (fragment, les trois quarts du tableau).

41. LE TRAITÉ DE PAIX DE LÉOBEN, d'après Lethière-Guillon (fragment, moitié du tableau).

42. LA REDDITION DE VIENNE, d'après Girodet-Trioson (fragment, moitié du tableau).

43. ENTREVUE DES EMPEREURS NAPOLÉON ET ALEXANDRE SUR LE NIÉMEN, d'après Gautherot (fragment, les deux tiers du tableau).

44. ENTREVUE DE NAPOLÉON ET DE LA REINE DE PRUSSE A TILSITT, d'après Berton (fragment, les deux tiers du tableau).

45. BONAPARTE PARDONNANT AUX RÉVOLTÉS DU CAIRE, d'après Guérin (fragment, les deux tiers du tableau).

46. PAIX DE TILSITT (fragment, la moitié du tableau).

47. NAPOLÉON RECEVANT AU CAMP DE FINKENSTEIN L'AMBASSADEUR DE PERSE MYRZA, d'après Mulard (le tiers du tableau).

48. NAPOLÉON RENDANT AU CHEF D'ALEXANDRIE SES ARMES, d'après Mulard (le tiers du tableau).

49. ZEUXIS CHOISISSANT UN MODÈLE PARMI LES PLUS BELLES DE LA GRÈCE POUR PEINDRE HÉLÉNE, fragment exécuté en haute lisse sur chaîne de soie, d'après Vincent, en 1817.

50. CLÉOMBROTE ET CHÉLONIS ; tapisserie exécutée en 1819, d'après Lemonnier, en haute lisse.

Cléombrote, après avoir épousé Chélonis, fille de Léonidas, monte, au préjudice de son beau-père, sur le trône de Sparte. Chélonis l'abandonne, pour suivre son père dans la mauvaise fortune. Mais bientôt Léonidas est rappelé par les Lacédémoniens et condamne son gendre à mort. Chélonis se jette aux pieds de son père, obtient la commutation de cette peine en un simple exil ; et lorsque Léonidas la prie de rester auprès de lui, déclare qu'elle suivra son mari en exil. Cet acte de dévouement est le sujet que le peintre a voulu représenter.

51. MARIE ANTOINETTE ET SES ENFANTS, d'après Mme Lebrun ; tapisserie achevée en 1818.

52. PIÉTÉ FILIALE, ou OFFRANDE A ESCULAPE, d'après Guérin ; tapisserie de haute lisse, achevée le 20 décembre 1820.

53. PHÈDRE ET HIPPOLYTE, d'après le même peintre ; tapisserie de haute lisse, achevée en 1823.

54. MÉLÉAGRE ENTOURÉE DE SA FAMILLE qui le supplie de prendre les armes pour repousser les ennemis prêts à se rendre maîtres de la ville de Calydon ; tapisserie de haute lisse, exécutée en 1823, d'après Menageot.

55. PIERRE LE GRAND SUR LE LAC DE LADOGA, d'après Steuben ; tapisserie de haute lisse, terminée en 1824 (1).

56. JEANNE D'ARC, d'après Blondel ; tapisserie exécutée en 1831 ; elle est en haute lisse ainsi que toutes les suivantes.

57. PYRRHUS PRENANT ANDROMAQUE SOUS SA PROTECTION, d'après Guérin ; tapisserie achevée le 30 juin 1832.

58. SAINTE CLOTILDE, d'après le même peintre ; tapisserie exécutée en 1833.

____

(1) Le même sujet a été traduit en tapisserie en 1819.

59. Entrée triomphale d'Alexandre le Grand a Babylone, d'après Ch. le Brun ; tapisserie terminée en 1834.

60. La famille de Darius aux pieds d'Alexandre, d'après
le même peintre ; tapisserie achevée en 1838.

61. La Conjuration des Strelitz , d'après Steuben ;
tapisserie achevée en 1838.

62. Paysage, fleurs, fruits et gibier, d'après Desportes ; tapisserie terminée en mai 1849.

63. Sujet de même nature, d'après Desportes ; tapisserie
terminée en 1849.

64. Sainte Geneviève, d'après le carton de M. Ingres ;
tapisserie achevée en 1849.

65. Saint Remy, d'après le carton du même peintre ;
tapisserie achevée en 1850.

66. Psyché et l'amour, d'après Raphaël ; partie de la
décoration du palais Farnèse ; tapisserie achevée en
décembre 1850.

67. Le Printemps, d'après M. Steinheil, imitation libre
d'une composition de Lancret ; tapisserie terminée
en 1851.

68. L'Automne, d'après le même, imitation de Lancret ;
tapisserie achevée en 1851.

69. L'Assemblée des Dieux, d'après Raphaël et une
copie de Papety ; partie de l'histoire de Psyché, et de
la décoration du palais Farnèse ; tapisserie commencée le 1er octobre 1848 et achevée en 1852.

70. Adieux de Vénus a Junon et a Cérès, d'après
Raphaël ; partie de la décoration du palais Farnèse ;
tapisserie achevée en 1853.

71. Portrait de Charles le Brun, premier peintre de
Louis XIV, d'après Largillière ; tapisserie terminée
en 1853

72. FRAGMENT DU TABLEAU DE LA TRANSFIGURATION, d'après Raphaël ; traduit en tapisserie par un élève, en 1853.

73. FRAGMENT DU MÊME TABLEAU, traduit en tapisserie par un élève.

Tapisseries en cours d'exécution.

74. LA PÊCHE MIRACULEUSE, d'après Raphaël et une copie faite au xviie siècle, sur les tapisseries du Vatican, par les élèves de l'école française de Rome. Cette tapisserie a été commencée le 28 mars 1850.

75. SAINT PAUL ET SAINT BARNABÉ A LYSTRA, PRIS POUR DES DIEUX ET REFUSANT UN SACRIFICE, d'après Raphaël et une copie de même date que la précédente ; tapisserie commencée le 15 juillet 1849.

Le coloris de ces copies, exécutées d'après des tapisseries déjà vieillies de plus de cent ans, diffère essentiellement de celui des modèles primitifs, ou *cartons* composés, au nombre de vingt-cinq, par ordre de Léon X, traduits librement par les tapissiers d'Arras dans la première moitié du xvie siècle, et conservés, au nombre de sept seulement, au château de Hampton-Court.

76. L'ASSOMPTION, d'après le Titien et une copie faite à Vénise par M. Serrur ; tapisserie commencée le 5 juillet 1853.

77. LA TRANSFIGURATION, d'après Raphaël et une copie de M. Ch. Santi de Vérone ; tapisserie commencée le 22 novembre 1851.

78. DÉPOSITION DU CHRIST, d'après Michel-Ange de Caravage et une copie exécutée par Brenet, en 1752 ; tapisserie commencée le 22 février 1852.

79. VUE DU LOUVRE ET DES TUILERIES, d'après M. Amédée Couder. Cette tapisserie, commencée le 18 octobre 1852, est destinée, ainsi que les deux suivantes, à compléter

la tenture dite des châteaux , qui fait partie de l'ameublement du palais des Tuileries.

80. ENLÈVEMENT D'ORITHYE PAR BORÉE, d'après le groupe du jardin des Tuileries et le modèle peint par M. Amédée Couder ; tapisserie commencée le 18 octobre 1852.

81. LA BEAUTÉ EMPORTÉE PAR LE TEMPS, d'après le groupe du jardin des Tuileries et le modèle peint par M. Amédée Couder ; tapisserie commencée le 18 octobre 1852.

82. ENTOURAGE SYMBOLIQUE POUR LE PORTRAIT DE CH. LE BRUN, représentant la sculpture, l'architecture, la peinture, la tapisserie ; tapisserie commencée le 19 novembre 1852.

83. PORTRAIT EN PIED DE LOUIS XIV, d'après Rigault ; tapisserie commencée le 15 juin 1853.

84. PORTRAIT DE COLBERT, d'après Claude Lefebvre ; tapisserie commencée le 17 novembre 1852.

85. LE CHRIST AU TOMBEAU, d'après Philippe de Champaigne ; tapisserie commencée le 27 août 1853.

86. LA VIERGE DITE AU POISSON, d'après Raphaël et une copie réduite exécutée par M. Lucas (Hippolyte), artiste tapissier ; tapisserie commencée le 12 mai 1852.

87. SAINTE FAMILLE, DITE DE FONTAINEBLEAU, d'après Raphaël et une ancienne copie faisant partie de l'ameublement de ce château ; tapisserie commencée le 24 mai 1852.

88. LES CONFIDENCES ; tapisserie commencée le 15 mai 1853, d'après le tableau original composé vers 1760, pour tapisserie, par Boucher.

89. AMYNTHE ET SILVIE ; tapisserie commencée le 5 mai 1853, d'après le tableau original de Boucher, même époque.

90. BORDURE pour la pièce de saint Paul et saint Barnabé,

d'après le modèle de M. Violet-le-Duc, commencée le 1er décembre 1852.

91. PORTIÈRES à fond vert semé d'abeilles, sujet mis sur le métier le 13 octobre 1852, pour occuper les artistes tapissiers temporairement sans emploi.

PRODUITS DE LA MANUFACTURE DE LA SAVONNERIE.

Dans les salles d'exposition.

92. FEUILLE DE PARAVENT représentant des tigres, exécutée en 1795.

93. FEUILLE DE PARAVENT représentant des renards sur un fond de paysage, exécutée en 1799.

94. ÉCRAN, bouquet de fleurs.

95. FAUTEUIL, siége et dossier.

96. ÉTUDE DE CHIEN de chasse, d'après un croquis de Desportes.

97.   *Idem.*   *Idem.*

Tapis en cours d'exécution.

98. UN GRAND TAPIS, d'après MM. Séchan et Diéterle.

99. AUTRE TAPIS, d'après M. de Saint-Ange.

100.   *Idem*,   par le même.

101. CANAPÉ, d'après le modèle de M. Chabal.

FIN.

TABLE DES MATIÈRES.

FIN DE LA TABLE DES MATIÈRES.

(*Voir ci-après l'errata.*)

ERRATA.

Page iii, alinéa 1, ligne 9, au lieu de : *les tapisseries de Milon, de Beauvais*; lisez : les tapisseries de Milon de Beauvais.

Page 58, ligne 7, au lieu de : *Girard Laurent, Pierre et Jean Lefebvre*; lisez : Henri Laurent et Jean Lefebvre.

Page 65, ligne 14, au lieu de : *M. le Brun*; lisez : Charles le Brun.

Page 92, note 1, au lieu de : *présenté en 1775 à M. de Marigny*; lisez : présenté en 1755 à M. de Marigny.

Page 94, note 1, au lieu de : *M. d'Isle avait succédé à M. de Cotte fils en 1740*; lisez : M. d'Isle avait succédé à M. de Cotte fils en 1747.

Page 99, note 2, au lieu de : *nommé en 1775*; lisez : nommé en 1755.

Page 110, note 2, au lieu de : *entrepreneur, de 1695 à 1729*; lisez : entrepreneur, de 1693 à 1729.

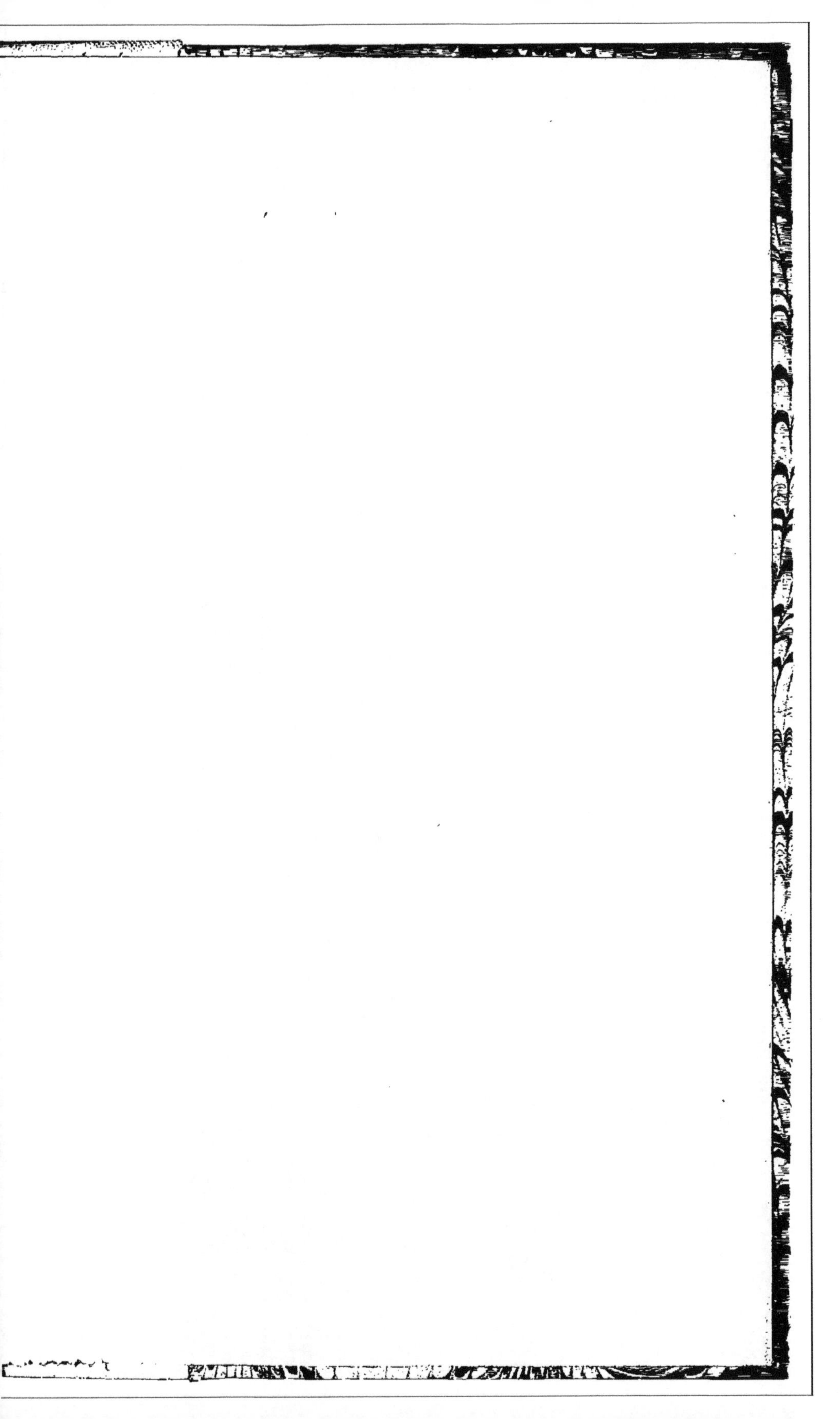

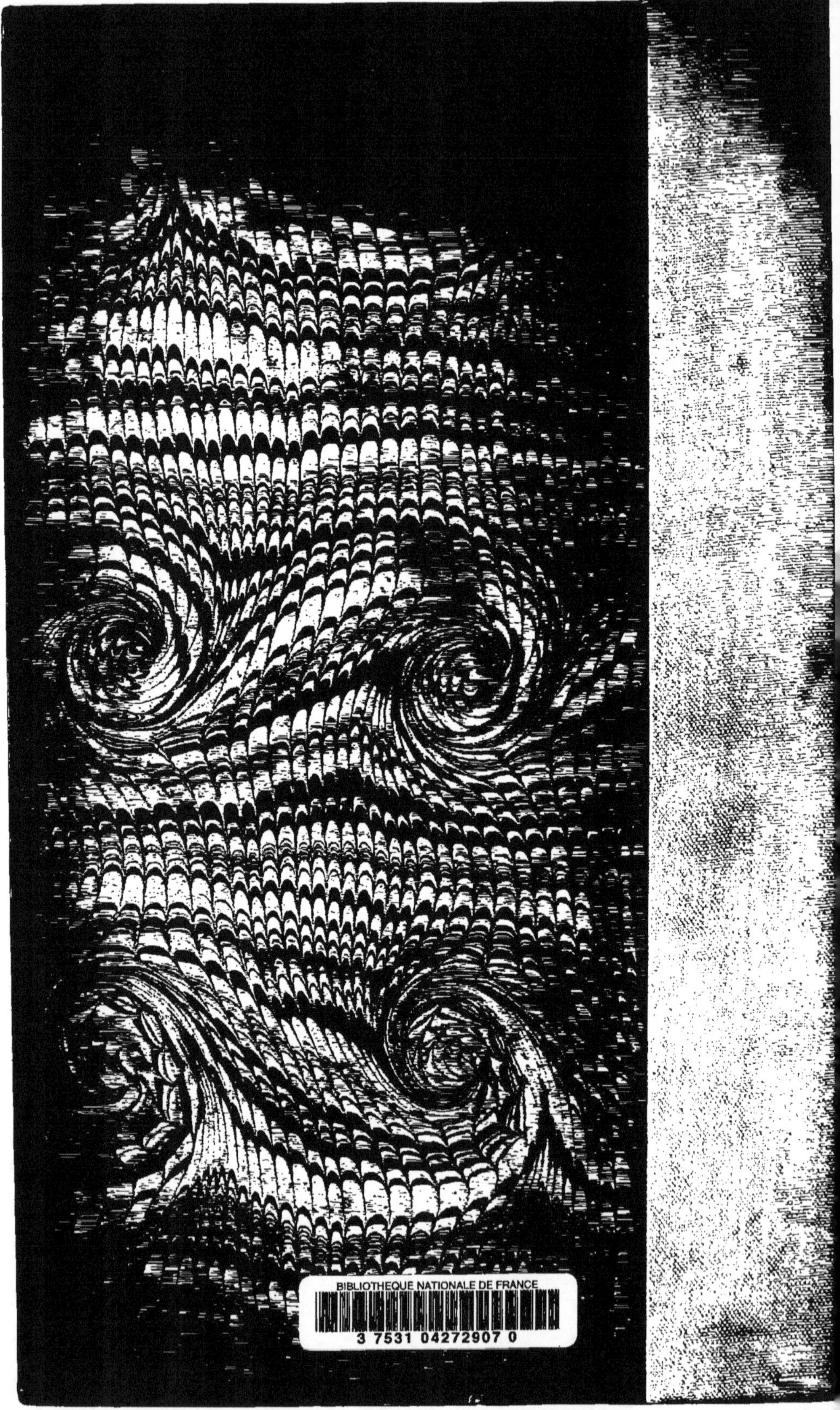
BIBLIOTHEQUE NATIONALE DE FRANCE

www.ingramcontent.com/pod-product-compliance
Ingram Content Group UK Ltd.
Pitfield, Milton Keynes, MK11 3LW, UK
UKHW010911160726
13695UKWH00007B/443